JN040111

ルポ 百田尚樹現象

愛国ポピュリズムの現在地

石戸諭
Satoru Ishido

小学館

ルポ　百田尚樹現象

愛国ポピュリズムの現在地

ルポ 百田尚樹現象 愛国ポピュリズムの現在地／目次

序章 5

第一部 2019 モンスターの現在地 17

第一章 ヒーローかぺてん師か 18
第二章 彼らたちの0 34
第三章 敵を知れ 90
第四章 憤りの申し子 102
第五章 破壊の源流 116

第二部 1996 時代の転換点 129

第一章 「自虐史観」の誕生 130

第二章 転身――藤岡信勝と教師たちの「当事者運動」 159

第三章 ポピュラリティー――小林よしのりを貫くもの 196

第四章 「一匹」の言葉――西尾幹二とその時代 216

第五章 分水嶺――『戦争論』が残したもの 240

終章 ポスト2020 空虚な中心 286

あとがき 328

主要参考文献 332

ブックデザイン　鈴木成一デザイン室
カバー写真　木村肇
本文中写真　木村圭司／木村肇／黒石あみ／藤岡雅樹／共同通信社／産経新聞社
著者近影　藤岡雅樹

序章

「狂信の逆の側には、混沌に圧倒されてしまった結果である懐疑主義が待っている。それが高度工業社会の人々の苦境なのである。果してわれわれは愚かな狂信と暗い懐疑主義の中間に踏みとどまることができるであろうか」（高坂正堯『世界地図の中で考える』新潮社、68年）

1

日本のリベラル派・左派にとって、最も「不可視」な存在の一つが「百田尚樹」とその読者である。彼らからすると、なぜ過激な右派論客である百田の本が読まれているのか、一体誰が読んでいるのかがさっぱりわからないのだ。不可視であることは、不気味さの裏返しでもあり、百田への反応は完全に無視するか、声高に批判を強めるかに二分されることになる。

百田の『日本国紀』（幻冬舎、18年）は、2冊の関連本と合わせて累計100万部を突破し、ベストセラー街道を邁進している。「百田現象」について知ってはいるが、リベラル派のなかで実際に読んだという人は少ないだろう。仮にミリオンセラーとなった『永遠の0』（講談社文庫、09年）などの小説をかつて読んでいたとしても、もはや公言したくない過去になっている――。彼らの心情はそのように描写できる。

彼はいまだに流行作家であり、著名人の愛読者も少なくない。ラグビーワールドカップ（19年）の日本代表で、得意プレー「ジャッカル」で知られる姫野和樹は『日本国紀』からの影響を公言し、将棋界で数々の最年少記録を塗り替えた若き天才・藤井聡太は『海賊とよばれた男』を愛読書にあげる。だが、多くのリベラル派にとって彼の存在が可視化されるのは、時に物議を醸すツイッターの過激な発言を通してくらいだ。彼らからは約45万（20年4月時点）のフォロワーを抱える百田のツイートが、ネット上で「反日」を叩き、「愛国」を標榜する人々の中心に見える。

取材を始めた2019年春には、俳優・佐藤浩市がインタビューで、時の首相・安倍晋三の持病を揶揄したという見方が一部で広がったことを受けて、安倍と個人的な面識がある百田が「三流役者が、えらそうに!!」とツイートしたことがネットを騒がせた。２０２０年に入っても、百田の一言は論争の引き金になっていく。２０２０年1月から問題が深刻化していく新型コロナウイルス禍にあって、百田は対談本を出すほどの仲間――であるとみられている――安倍を強烈に批判した。その後、会食を経て、一度は批判のトーンを弱めたが、百田が望む対策を取らないとなれば、再び容赦無く批判している。

一見すると節操のないツイートは、大手スポーツ紙のネット担当記者を大いに喜ばせ、その一言は素早く記事となり、ウェブ上に配信されていく。彼の言葉は「ニュース」なのだ。

「はっきり言います！　韓国という国はクズ中のクズです！　もちろん国民も！」など中国や韓国への攻撃的な姿勢を露骨に示し、女性蔑視的なツイートも含め息を吐くようにリベラル派を苛立たせる問題発言を繰り返す。

そこに「これは首を賭けてもいい。もし、中国と日本が軍事衝突をすれば、朝日新聞は１００パーセント、中国の肩を持つ。朝日新聞は日本の敵だが、そんな売国新聞を支えている朝日の読者も日本の敵だ」といったマスコミ批判、「はっきり言います。憲法9条を守れと考えている人間は、知能が低いか、反日思想の持ち主か、売国奴かのどれかです」発言を加えてもいいだろう。

百田のツイートにはよくぞ言ったという賞賛も連なっている。過剰なまでのネット上の存在感と圧倒的な出版部数、逆にあまり見えてこない本人と読者の存在には大きなギャップがある。

2

時代を象徴する流行語には、表の歴史に残り光が当てられるものと、そうではないものがある。残らないものを影の流行語と呼ぶとすれば、2010年代を象徴するそれは「反日」と「愛国」である。

2019年7月20日——。安倍晋三は東京・秋葉原で参院選最後の演説に臨んでいた。2012年末にあった総選挙で、総裁に返り咲いた安倍は当時の民主党から政権を奪還した。その選挙でマイク納めの地に選んでからというもの、秋葉原は安倍にとって「聖地」とも呼ぶべき場所になっている。

12年末以降、安倍政権は国政選挙で勝利を重ね、東京オリンピック開催が予定されていた2020年を前にして、参院選時の内閣支持率は40%台後半と高支持率を維持していた。もっとも勝利が即ち盤石を意味するとは限らない。なによりNHKの世論調査によると、支持理由は「他の内閣より良さそうだから」が圧倒的なトップであり、その支持は消極的なものである。

しかし、脆弱な野党にも助けられ、選挙に勝ち続けていることで党内の支持を取り付け、党内外に「他に政権候補者がいない」という状況を作り出すことに成功した。国民の消極的な支持と選挙の強さという相反しそうな要素が、両立しているという安倍政権の特徴は今回の参院選でも変わらなかった。

東京は梅雨寒の影響で、例年になく暑さが感じられない7月になった。衆院解散から始まる総選挙ほどの注目は集まらない参院選、ということを差し引いても、この気候のように、およそ盛り上がりに欠けたマイク納めになっていたことは間違いない。

各メディアがこぞって報じた情勢調査から、安倍政権の勝利が確実であることはわかっていた。彼自身にとっても悲願である「憲法改正」を語っているにもかかわらず、秋葉原の熱気は——少なくとも政権奪回を成し遂げた2012年末の衆院選に比べれば——どこか弛緩しているように私には感じられた。ある一群を除いて、である。

白地の布に黒い文字で「恥を知れ。」と書かれたのぼりを中心に、「アンチファシズム」「売国奴　安倍ヤメロ」といったプラカードが踊り、「安倍やめろ」コールを繰り広げる人々がいた。そのすぐ隣にいた集団は、安倍に批判的であると彼らがみなすテレビ局やキャスターを名指しして「偏向報道」とプラカードを掲げ、「やめろ」コールに対抗するように「安倍がんばれ」と声を張り上げ、演説に拍手を送り続けている。

会場で配布された日の丸を手にもった若い女性の3人組は、インターネット上で「偏向報道」と批判されることが多いTBSのカメラクルーの目の前までわざわざ移動して、力を込めて国旗を振っていた。困惑したような表情を浮かべたカメラマンが撮影をやめると、彼女たちもどこかに移動していった。

なるほどと得心したのは、「安倍がんばれ」と声を上げる一群のなかに「安倍総理ニッポンがんばれ！」というプラカードがあったことだ。ここに彼らの「本音」が垣間みえる。安倍を応援すること＝日本を応援する＝「愛国」という彼らの思考法は、安倍批判＝日本を応援しない＝「反日」という思考に転じていく。秋葉原では「安倍批判」だったが、彼らが「日本を応援しない」＝「反日」とみなすものはなんでも良い。

「反日」というレッテルは際限なく貼り続けることができ、時に過熱していく集団行動を束ねるスローガンとなっていく。

これが「愛国」と「反日」の現在地である。

3

「幻想」の時代は今、終わりを告げつつある。90年代以降、最先端のメディアであり続けたインターネットが、常に「革命」という無邪気な言葉とともに語られた時代は確実に終わり、身近すぎるほど身近になった新しいメディアは「普通の人々」の政治的な本音を映し出すものになった。

本音は決して美しいものばかりではない。SNSやインターネットニュースのコメント欄は水面下に隠れていた、素朴な「愛国」や「反日」排撃を、あるいは政治的な立場を超えた「怒り」を映し出す場になっている。右派か左派かを問わず、攻撃的な言葉の応酬によって、「敵」と「味方」に分かれ社会の分断は深まっていく。インターネットに期待を込めていた人々――もちろん、私自身も含まれる――ほど、どうしてこうなった？　という思いを持っているはずだ。

SNSで「普通の日本人」という言葉がある。彼らは時に強い表現で「反日」をバッシングし、韓国や中国に露骨な嫌悪感をぶつけ、右派的な言葉を唱えていく。私は取材の過程で、何人か「ごく普通の日本人」を自認する人たちに会った。もちろん、彼らですべてを表すことはできないが、彼ら一人一人は、この社会の中にあって普通に生活し、普通に働く、どこにでもいるような真面目で善良な人たちである。

街頭に立って演説をする、あるいは街宣車を走らせるような右翼のように、外見から思想信条はわからない。インターネット上で右派的な言葉を書き込む「ネトウヨ」という言葉からイメージされがちな、パソコンの前に張り付くようなこともない。文字通り「ごく普通の人たち」なのだ。

彼らにとっての「反日」とは、彼らにとっての「普通」ではない何かを指し示す言葉である。逆に「普通」は明確に定義することはできない言葉だ。普通ではない「何か」を認定し、共有することによってでしか表現ができない感覚、としか言うことはできない。「普通の日本人」であるところの彼らは、アジア・太平洋戦争で日本がやたらと悪く描かれる「自虐史観」から目覚めたという話もしていた。

影の流行語――。1990年代後半から2000年代にかけてのそれは、間違いなく「自虐史観」である。2002年、私は18歳で立命館大学に入学したが、キャンパスにはベストセラーを読んで「自虐史観」を「克服した」学生がそれなりにいた。主要な記録媒体はフロッピーディスクで、インターネットがやっと高速化し始めたくらいの年だったが、同じ大学の学生が開設したサイトで、「自虐史観」と教授陣批判を繰り返すものがあったことを覚えている。

私はといえば、学生時代から、右派も左派も彼らがもっている「正義感」に対して違和感を抱き続けてきた。「愛国」「反マスコミ」「反韓国・中国」に象徴される右派の言葉はあまりに短絡的だと思っていたが、逆に彼らを批判するリベラル派・左派の言葉は常に「永遠の正論」であり、それ以上のものではなかった。

自虐史観批判はなぜ広がったのか。疑問は解けず、どこか引っかかりを覚えたまま、大学を卒業することになった。

4

本書は、10代の「私」に対する2020年からのアンサーという意味合いがある。現在の「反日」と「愛国」の中心には何があるのか、そして源流にある90年代の「自虐史観」とは何かを、中心を担ったキーパーソンへの直接取材から解き明かすものだ。

見通しをよくするために、こんな整理をしておこう。冷戦終結とともに始まった、平成という時代において、その前半期を象徴する影の流行語が歴史認識論争とともに広がった「自虐史観」であり、後半期を象徴するのがインターネット、SNSの隆盛とともにアメーバのように広がった「反日」と「愛国」である。

「自虐史観」は自覚的に流行を狙って使う人々がいて、絶えず論争を通じて広がっていったが、後者は誰でも自由に使えるレッテル貼りのコードとして流通していったという違いがある。前半期と後半期の違いはどこから生まれ、今に何をもたらしたのか。ここに解くべき謎がある。

本書に登場する人物たちは一般的に「右派」と言われるような人がほとんどで、多くは「歴史修正主義者」とカテゴライズされ、多くの批判を浴びている。だからこそ、私が「ニューズウィーク日本版」に書いた特集「百田尚樹現象」はリベラル派から強く批判もされてきた。端的に言えば、彼らをなぜ取り上げるのか、彼らの声を広げる手助けになるだけなのだから、無視しておけばいいではないかというものだ。

しかし、である。そこには誰も否定することができない厳然たる事実がある。彼らはそれぞれにベストセラーを通して社会現象を巻き起こし、一つの時代を築いた当事者でもあることだ。言い換えれば、彼らは大衆から人気を獲得し、大衆の思いを汲み取ることで地位を確立してきた。彼らを完全に無視していいとするならば、それは大衆の存在を無視することと同義であるように私には思える。

本書の取材中、私は彼らから何度も「あなたはどんな立場から取材をしているのか」と問われた。その度に私は批判のための批判をするのではなく、現象そのものを理解し、彼らを知るために「研究が必要である」というのが私の立場だ、と説明してきた。

彼らの言説そのものの妥当性よりも、なぜ彼らがそう考えるに至り、なぜ彼らの言葉が多くの――少なくとも左派系・リベラル系の著作よりも広範な――読者を獲得するのかを解き明かすことが大事だと考えているのだ、と。

アメリカのフェミニズム社会学者、A・R・ホックシールドのフィールドワーク記録『壁の向こうの住人たち　アメリカの右派を覆う怒りと嘆き』（岩波書店、18年）という本がある。彼女は明らかにリベラル派知識人でありながら、「壁」を超えて、やがてトランプ政権誕生を支えることになる右派の人々の心情を理解しようと声を聴き、研究を重ねる。彼女が描き出すものを読んでいくと、彼らの心の動きは、最終的な意見は違うにしても、ある部分においては理解できないものではないことがわかる。

本書が指摘するのは「左派でも右派でも、〝感情のルール〟が働いている」という事実だ。そして、自分とは違う右派にとって「真実と感じられる物語」＝ディープストーリーを徹底的な調査をもとに描き出していく。彼女の言葉に倣うならば、私が試みているのは、日本の右派、それも中核にいる人々のディープストーリーであると言えるだろう。
ホックシールドはなかなか興味深いことを書いている。

「わたしたちは、川の〝向こう側〟の人に共感すれば明快な分析ができなくなると思い込んでいるが、それは誤りだ。ほんとうは、橋の向こう側に立ってこそ、真に重要な分析に取りかかれるのだ。（中略）米国が二極化し、わたしたちが単におたがいを知らないだけだという実態が進んでいけば、嫌悪や軽蔑といった感情がやすやすと受け入れられるようになってしまうだろう」（同書）

政治的なスタンスだけで敵／味方を分けて分析する姿勢は、二極化を促すことはできても、「真に重要な分析」にはたどり着かない。向こう側から何が見えてくるのか。私は川を渡るべく、東京・神保町へと足を運んだ。

第一部

2019
モンスターの現在地

ヒット作を連発し、書店には「百田本コーナー」が

第一章　ヒーローかぺてん師か

1

「サヨクか！」――。見えない「百田尚樹」を追い掛ける取材はこんな一言から始まった。2019年3月26日、まだ肌寒かった東京・神保町の夜である。私は、三省堂書店神保町本店前の路上にいた。本書の原点にある「百田尚樹現象」を解き明かすための取材を「ニューズウィーク日本版」で引き受けていたのだが、何の取っ掛かりもなかったので、手始めに百田が姿を見せるサイン会の会場に行くことにした。サインをもらった人に声を掛け、読者像に迫ろうと考えていたのだ。

店内では、文庫化されたばかりの『今こそ、韓国に謝ろう』（飛鳥新社、19年）のサイン会が始まったところだった。同書のタイトルは曰く「皮肉」であり、「謝ろう」

には、全く別の意味が込められている。副題にある「そして、『さらば』と言おう」にこそ主眼があり、中身はいわゆる「嫌韓本」に連なるものだ。この類の本への批判も高まる中、一体、老舗書店にどんな人たちが集うのか。

会は大盛況で、午後6時の開始前から整理券片手に待っている人であふれ返っていた。列はどんどん増え、店外からざっと数えても100人以上はいた。列の先頭は50歳前後のいかにもビジネスパーソンという男性で、グレーのスーツに白いシャツ、ネクタイもきっちり締めて立っている。サインをもらった彼に、こちらの取材趣旨を説明し、この本のどこに惹かれたのか？　と聞いてみたが、「ちょっと会社が……」とだけ言い残して、足早に立ち去っていった。

私に「サヨク」と叫んだ声の主は渋谷区在住の税理士の女性（取材時点で48歳だった）である。最初の一言こそ強烈だったが、こちらの趣旨を丁寧に説明すると快くインタビューに応じてくれた。

「私、靖国神社の例大祭にここ数年は毎年行っているんですけど、そこでマスコミから声を掛けられるんですよ。だから、またかと思ってしまって……」

薄手のベージュのコートを颯爽と羽織り、ややウェーブがかった髪という都会的ないでたちは、物々しい響きの「靖国神社」から連想されるイメージとは程遠いものがあった。

彼女にとって、百田は「日本人の偉大さを思い出させてくれた小説家」だ。『海賊とよばれた男』（講談社、12年）などベストセラーとなった小説にほれ込むところから始まり、やがて百田の論説にものめり込んでいった。サイン会に来たのは、この日が初めてだという。7〜8年前まで「知識がなく、サヨクの思想に洗脳されていた」と冗談めかして語る彼女は、百田を介して日本の「真の姿」に接近していく。

その結果、今ではアジア各地を旅行していても、若い時に感じていた「日本はここまで侵略していたんだな」という感情は消え、「アジア解放のために戦った日本人」に思いをはせるようになったという。

彼女には在日韓国人の友人もいる。百田がツイッターで「韓国という国はクズ中のクズです！　もちろん国民も！」などとつぶやく。彼女自身もこれに同意しているが、一方でこうしたツイートが在日韓国、朝鮮人に対する「ヘイト」に満ちたものだ、という批判があることも知っている。だからこそ、友人たちとは政治の話はしない。あくまで自分の「意見」を内側に持っているだけで、考えを他人に押し付けることはしたくないというのが彼女のスタンスだった。

仕事の合間にやってきたと語った30代の男性は、ここ3〜4年でどっぷり百田にハマったと語った。まだ仕事は残っていたが、サイン会にだけは参加すべくデニム姿で駆けつけた。

「百田さんは物事をズバッと言い切っているところを尊敬していますね。えっこんなことを言っても大丈夫なのというようなことも、人目を気にせずに語っている。そこが、スカッとして気持ちがいい」

大事なのは、発言の中身もさることながら、「語り口」でありスタイルだ。彼の目には、百田はお金よりも自身の表現を大切にする「気骨ある男」として映っている。他に好きな作家、論客はいるかと聞くと齋藤孝（教育学者、明治大学教授）と即答した。その理由も「本の中で物事を言い切っていて、ちゃんと筋が通っていて、理にかなっている」からだ。百田も齋藤も彼にとっては、考えるきっかけを与えてくれる存在である。彼らの共通点はズバッと言い切ることであり、彼らの発言を通して、自分なりに思考を深めていくことができると話す。百田について回る右派的という批判も彼は一切気にしない。

「右も何もないじゃないですか。日本という国が好きなだけでしょ。自分の好きな国を好きだと言ったらウヨクなんですか？　中国や韓国から侮辱されたらムカつくのは普通じゃないですか？」

そう言い残し、また仕事へと戻っていった。

和装で着飾った60代の女性は、「10代からの保守派」「私はネットができないネトウヨ」と冗談めかして自身を語った。彼女は専業主婦で、百田の本は一冊を除いてすべて持っている。「せっかく百田先生に会うんだから、と思って着物で来ました」と話しながら、もらったばかりのサイン本を恥ずかしげな表情を浮かべながら見せてくれた。

百田の作品はすべてが好きで、「ただの大阪のおっちゃんみたいに喋っていて、飾り気がない。すべて本心で語っている」ところを尊敬している。百田の文庫本を周囲に配って回ることもあるという筋金入りのファンだ。彼女にとっても、大事なのは「スタイル」だった。話題になっていた『日本国紀』は、初版と増刷したもので記述に違いがあると聞いたので、複数冊買った。後述するが、記述に違いがあるのは事実であり、そこに批判が集中している。だが、彼女にとって批判は気にする対象ではない。むしろ当初の記述に拘泥することなく修正するのは、百田の柔軟さの現れと捉えている。

「百田さんが差別主義だとも思いません。そう批判するほうが差別的な目線で見ているんじゃないですか。ネトウヨなら何が悪いんですか？　間違った考えにこだわる共産党よりマシでしょ。むしろ、百田さんは間違えを潔く認めますよ。そっちのほうがいいじゃないですか」

終始、穏やかな口調で語っていた彼女が唯一、持っていない本は田原総一朗との対談本『愛国論』（ＫＫベストセラーズ、14年）である。その理由は田原が「サヨク」だからで、自分が買って増刷につながるようなことがあってはいけないと思っているからだ。

後で関係者に聞いたところ、この日、風邪をひいていたという百田の体調は万全ではなかった。それでも予定を30分以上超過してすべての人にサインを書き、応援の声に耳を傾け、一人一人に大阪独特のイントネーションで「ありがとう」と声を掛けたという。

冒頭で百田尚樹にはギャップがある、と書いた。ギャップはそれだけではない。小説家と右派論壇人としての顔、読者への丁寧な応対と韓国や中国に対する攻撃的なツイートも二面性と言えるだろう。

ファンから見れば、日本を愛する「ヒーロー」、批判する側からは間違った歴史を語る「ぺてん師」のように見える。評価も真逆だ。積み重なったギャップは、極端から極端へと振れ幅を増幅させ、百田の姿をますます見えない存在へと変えていく。見えない百田現象から見えてくるもの。それは日本の分断の一側面であり、リベラルメディアが捉え損なってきた「普通の人々」の心情であり、リベラルの「常識」がブレイクダウン——崩壊——しつつある現実である。

2

リベラル派から百田への批判は大きく3つに分けることができる。第一に前述したような「ヘイトスピーチ」まがいのツイートや発言を連発していること。批判を受けたものを列挙すれば切りがないが、先に挙げた韓国に対するツイート、女性蔑視的な文言を含むもの、沖縄の2紙を対象にした「つぶさなあかん」との発言は特記しておくべきものだろう。百田現象を取材していると話した時、リベラル系の知人からはこぞって「差別発言は絶対に許せないので、批判してください」と激励を受けた。

激励の裏側には、何を聞いたところで「あのツイートについて聞いていない」「どうして、このツイートについて批判をしないのか」という不満を抱えるであろう層が相当な数いることを意味している。彼らの目に映るのは、やはり過剰なまでに露出しているツイッターなのだ。

第二にファクトの確認が甘過ぎるという指摘である。例えば、芸人の故・やしきたかじんと、彼が亡くなる直前に結婚した妻さくらの姿を描いた『殉愛』（幻冬舎、14年）では、たかじんの長女と元マネジャーの男性から名誉毀損で訴えられ、いずれも敗訴している。後者の裁判では14カ所で名誉毀損が認められ、元マネジャーに対しては、一切の取材がなかったことが認定された。対立する相手への取材をせず、一方の言い分だけをもとにして「事実」であるかのように描くことは、ノンフィクションの世界では許されない。

話題になった『日本国紀』でも明確な事実誤認、ミスが発生し初版から増刷のたびに修正が繰り返されている。戦国時代にやって来た宣教師たちが「日本の文化の優秀さに感嘆している」根拠として、初版では「ルイス・フロイス」のものとされる文献が紹介されているのに、手元にある第8版では「フランシスコ・ザビエル」に人物ごと変わっている。

それだけではない。記述にあたっての参考文献はどこにも明記されておらず、インターネット上を中心に、ウィキペディアからのコピペ疑惑、他文献からの盗用などを指摘する声が上がった。仁徳天皇について書かれた内容が別のメディアに掲載されたものに似ていると指摘を受けて、8版には「真木嘉裕氏の物語風の意訳を参考」という参照元を記した一文が追記されている。版元の幻冬舎が、ミスがあった事実を公表せずに修正を繰り返したことも批判に拍車を掛け、読者への誠実さとは何かが問われる事態になった。

第三に右派的な歴史観である。百田自身は、私のインタビューに、自らの政治的立ち位置を右派と左派の「真ん中」と語っている。より正確に書けば「右派と左派の真ん中を50とした時、自身をどこに位置付けられるか」という私の質問に対して「僕は50やね。真ん中です」と即答している。自分では、真ん中に立って発言しているだけで、決して右派ではないというのだ。

無論、それを額面どおりに受け取ることはできない。『日本国紀』には、右派の歴史本でおなじみの南京事件否定論、従軍慰安婦の「強制連行」否定説、連合国軍総司令部（GHQ）が実行したウォー・ギルト・インフォメーション・プログラム（WGIP）によって日本人は洗脳されたという説が登場している。日本の「素晴らしさ」を語るために、周辺国との比較を持ち出す手法も問題視されている。ベストセラー『応仁の乱』（中公新書、16年）で知られる歴史学者の呉座勇一は、百田の平安時代の描き方について、「中国の影響を脱した純粋な日本文化があったという誤解を生む。紫式部は『白氏文集』など漢籍を愛読し『源氏物語』に多く引用している。日本文化と中国文化を対立的に見るべきではない」（朝日新聞18年12月25日付朝刊）と批判する。

ここだけを抽出すると、百田尚樹とはおよそ論じるに値しない人物である。事実、取材時にそのような懸念を示されたことは一度や二度ではなかった。「百田尚樹について書こうと思っている」。私がそう明かすと、ある著名なジャーナリストは露骨な嫌悪感を示し、「あんな人物をメディアとして取り上げるべきではない。絶対に書いたものは読まない」と言い切り、ある編集者は呆れ顔で「何を書いてもキャリアの傷になるだけだからやめておいたほうがいい」と忠告してきた。「言い分なんて聞く必要はない」「放っておけばやがて消える」——。彼らは常に百田を無視するよう勧めてきた。

3点の批判は非常によく理解できたが、それでも、私の頭に浮かんできたのは「だが……」という思いだった。実際の百田尚樹とはどのような人物で、彼の本が売れるという現象は何を意味しているのか。単純な批判だけでは、答えが全く見えてこない。彼がたたき出してきた部数は、およそマーケティングがうまいというだけでは、さっぱり説明がつかないからだ。

読者の声も放っておけばいいでは、片付けられないように思えた。少し話を聞いただけでも、彼らは決して扇情的なイデオローグに騙されている人たちには見えなかった。仕事を持ち、あるいは自分で価値観を選び、明確に考えを言語化していた。百田とその読者を批判したいだけならわざわざ取材を重ねるまでもなく、机上で完成させることができる。だが、それでは本質には迫れない。

3

19年5月7日、東京・目黒──。「ニューズウィーク日本版」の編集部が入る真新しいオフィスビルにある会議室で、百田尚樹は3時間半にわたるインタビューに応じた。本人にもあらかじめ伝えたように、百田と私は政治的な価値観や歴史観がかなり異なる。彼の目から見れば、明らかに私はリベラル派・左派系のライターだろう。「リベラル系メディア」と言われる毎日新聞で10年ほど記者経験があり、これだけ売れているにもかかわらず周囲で『日本国紀』を読んだ人に出会ったことはなかった。

百田尚樹

つまり、私自身も分断の真っ只中にいて、現象を捉え切れていない一人なのだ。だから、知ろうとすることから始めた。「わからない」から出発し、当事者に当たり、事実から浮かび上がる「現実」にこそ、真相が宿るというのが私の基本的な考え方である。

インタビューでも主張すべき点について主張はしたが、ディベート的に相手を言い負かすための時間にはしなかった。彼の姿勢を丁寧に聞くことが、私が知りたい現象の本質を浮かび上がらせると考えたからだ。

このスタンスは批判もされたが、私自身は間違っているとは思わなかった。なぜなら、取材の過程で予想以上に多くの収穫があったからだ。
百田尚樹のインタビュー、それは奇妙な時間だった。職業柄、幾人ものインタビューを重ねてきた。経験則から言えば、たとえ短い時間であっても第三者のインタビューには、本人ですら気づかない本人の姿が浮かび上がる。私が「奇妙」だと感じたのは、現象の中心にいるにもかかわらず、本人にその自覚が全くないことにあった。彼は政治的な発言で「影響力」を持ちたいと思ったことはない、とすら語る。安倍首相との距離が近い、と言われることもあるが……と話を振っても、そっけない反応しか返ってこない。

「これほど勉強している政治家はいないと思いますが、すごい親しくなって、しょっちゅう食事に行くという関係ではないです。連絡を取らない時は、1年くらい全く取らないこともあります。時の総理大臣が自分の本を読んでいるから嬉しいといった感覚も、僕の中にはありませんね」

その言葉に嘘はなかった。２０２０年に入り、二度目のインタビューをした。その頃、百田は新型コロナウイルスの対応をめぐり、あれだけ仲が良いと言われていた安倍政権に対し「政府は無能」と激しい口調で批判を繰り返していた。彼は常に自分でジャッジし、良いことは良い、悪いことは悪いと語っていた。政権への評価は時々で変わるが、彼の姿勢は変わらない。

印象に残っているのは、百田自身も大絶賛したデビュー作『永遠の0』の映画版について聞いた時のことだ。映画の肝心なシーンで、日頃から百田、そして右派がこだわって使う「大東亜戦争」ではなく、「太平洋戦争」という言葉が平然と使われている。なぜ、これだけ歴史観を主張していながら「太平洋戦争」を受け入れたのか。しかも、右派が批判の対象とする朝日新聞も製作委員会に名前を連ねている。思想にこだわりを持つのならば、拒否する選択もあったはずだ。

「朝日が入っていても嫌ではなかったです。『大東亜戦争』にしてほしいという気持ちはありましたが、映画は何億円もかけて、多くの人が関わるビジネスです。自分がお金を出しているわけではないのです。

『大東亜戦争』という言葉を使うことで拒否感を持つような方もおられますので、こだわりがマイナスになります。用語はもちろん大事ですが、多くの観客にとってはどうでもいいことです。たかだか用語一つでこの映画を見てもらえないことのほうが嫌でした。一人でも多くの人に見てほしかったですね。

僕は細かいことを気にしないんですよ。大事なのは本質でね、コアな部分を見てもらうことが大事なのです。僕は『大東亜戦争』と常に使いますが、『太平洋戦争』と呼ぶ人がいたところで、大きな声で間違っているという気はないんですよ。映画は娯楽なんです。本質はあの戦争をどう考えていくかでしょう」

この発言には、内心かなり驚いた。右派言論をリードしている「論客」だと思っていた人物が、柔らかい大阪弁であっさりと「作家」としての正論を述べる。しかも大事なはずだと私が勝手に思っていた先の戦争の呼称を「たかだか用語一つ」といい、映画館に足を運んでもらうことばかりに気を配るのだ。

ツイッターの言動から攻撃的な人物を想像していた私は正直、面食らっていた。印象は決して悪くなかった。百田はたった一人でやって来て、どんな質問にもすべて答えた。待ち合わせ場所に指定されたホテルに迎えにいき、タクシーに乗り込んだ時は、さすがに緊張していた様子で口数は少なかったが、一度話し出すともう止まらなかった。一人称は「私」か「僕」で、横柄な態度は一切なく、冗談を連発し、常に笑いを取ろうとする姿は善良な「大阪のおっちゃん」そのものだった。事実、取材に同行した編集者やフォトグラファーは何度も笑わされることになった。

普段から攻撃の的にしている朝日新聞について、こんなことも言っている。

「昔の朝日新聞、天声人語は好きやったなぁ。特に好きなのは深代惇郎《ふかしろじゅんろう》（朝日新聞の名物コラムニスト。75年に死去）やね。彼の天声人語はもう文学や。あんなコラムが書ける人は今の朝日におらんやろ」

朝日新聞を代表する往年の名コラムニストの名前を挙げ、敬意を払う百田の姿は、リベラル派が抱きがちな「粗雑な発言をする人物」というイメージからは明らかに乖離する「読書家」そのものだった。感覚は「ごく普通」で浮世離れしたところはなく、ベストセラー作家然としたところもまた一切なかった。ここでは気がつかなかったが、「ごく普通」にこそ本質があったことを、私は後から知ることになる。

第二章　彼らたちの0

1

小説家・百田尚樹の誕生は2006年8月、50歳にして太田出版から『永遠の0』を出版した時である。百田や彼の周辺への取材で聞いたデビューまでの道のりは、「現代のおとぎ話」とも呼びたくなるようなものだった。

1956年、大阪市の下町・東淀川に生まれた百田は、大阪市職員だった父親から戦争の話を聞かされながら育ったという。物心がついた頃の大阪には、戦争の傷痕が至る所にあった。遊び場だった淀川にあった通称「爆弾池」は、米軍が落とした爆弾の跡に水がたまってできたものだった。親族が集まれば「あの戦争で、どこにいたか」「大阪の空襲はすごかった」という話がしょっちゅう話題に上っていた。ここに百田の原体験がある。

中学時代の成績は悪かった。特に「英語と数学」は1桁得点、時に0点を取るほど苦手だったという。その言葉に誇張はない。百田は奈良県内の公立高校に進学しているが、いわゆる進学校ではなかった。就職も進学もしなかった百田は卒業後、一念発起し、独学で大学進学を目指す。苦手だったはずの英単語も、参考書一冊分を1カ月で丸暗記した。

結果として、京都の名門・同志社大学への進学を決めた百田は、そこでちょっとした有名人になる。関西発の人気恋愛バラエティー番組『ラブアタック!』の常連参加者になり、お茶の間を沸かせた。同志社大学の百田尚樹くんは、テレビというメディアで、どうしたら人々を笑わせ、目立つことができるのかを自分で考え、実践していた。その稀有な感性に目を付けたのが、当時20代のディレクターだった朝日放送(ABC)の松本修だった。

2020年1月、東京・麻布十番にあるマンションの一室で取材に応じた松本は、百田を「最初からテレビを知っていた数少ない天才」だったと絶賛した。関西テレビ界を代表する大物プロデューサーだった松本は、数年前に大病を患った。かすれた声しか出なくなっていたが、松本は筆談ではなく自分の口で語ると言った。時に聞き取

松本 修

りにくくはあったが、しかし、大手術の後でも、一スタッフとして現場復帰を選んだだけあり、言葉からは旺盛な意欲と熱量を感じることができた。

彼は取材にあたり、私が書いた「ニューズウィーク日本版」のレポートを仔細に読み込んだ上で、自分と百田の関係についてA4一枚にまとめ、何枚かのDVD、そして大量の写真を用意してくれた。政治的な発言がクローズアップされるようになった「右派言論人・百田尚樹」を取り巻く状況は、かつてを知る松本にとっては、不本意なものでしかない。松本は百田の才能を高く評価し、テレビの世界に引き込み、90年代には彼と飯島愛をメーンキャストに据えた『清貧テレビ』も作り上げている。一体、百田のどこに惚れ込んだのか。

多くの素人が出演した『ラブアタック！』にあって、「百田くん」は最初から抜きん出た存在だった。番組内に、学生の面白い失恋体験を紹介するコーナーがある。すらっとした長身でありながら、耳まで隠れる長髪に垢抜けない高下駄とデニム、そしてトレンチコートに身を包んだ20歳の青年は、自身の失恋体験をテレビでそのまま使える原稿にまとめてきた。松本はその出来に驚かされた。

　そのコーナーでは出演者から体験を聞き取り、松本がナレーション原稿を書いていた。ところが百田の原稿は、全く赤字を必要としないほど体裁が整っており、自分でオチまでつけていた。司会の上岡龍太郎――大阪芸人屈指のリベラル派、政治的な立場を鮮明にしていた――が読みあげたのは、こんなストーリーだ。


《暴力が嫌いという女性と付き合っていた「百田くん」は、道で彼女の知り合いという高校生に絡まれる。彼らと喧嘩になったが、暴力が嫌いな彼女の手前、自分からは一切手を出さず、殴られるだけ殴られた。毅然と「暴力はいけない」と言い放ち、喧嘩を終えた百田くんに彼女は言った。

「暴力は嫌いよ。でもあなたの勇気あるところも見たかったわ。優しさだけが愛情じゃないわ。さようなら」

　そう言って、去っていく彼女を見ながら、深い心の傷を負ったのだった――》

松本が今や貴重な当時の映像を見せてくれたが、確かに原稿はこれ以上にないほどの完成度だった。百田はそのまま番組の第二部にも出演した。彼氏がいない女子学生＝かぐや姫に、男子学生＝アタッカーが自己ＰＲを繰り広げ、彼氏に指名されることを目指すという名物コーナーである。ここで、百田は冒頭から観客の心を摑む。わざと高下駄の鼻緒を切ってこけてみせ、鼻血まで出すという「ボケ」を見せた。

松本の回想――「百田くんは最初からキャラクターを作ってきていたんです。わざとダメな学生を演出して、司会にツッコミを入れさせ、観客も巻き込んだ」

会場から「頑張れよ」と百田コールが飛び出し、最後には上岡が「注目の人」「純真でガラスのような神経の持ち主」と紹介するまでになった。

松本の評価を決定的なものにしたのは、番組のミニコーナー「㊙キャンパスレポート」だった。再登場した百田は「京都の女子大生の驚くべきセックス体験」と題したネタを用意してきた。松本は、収録を前に百田と上岡を引き合わせ、あらためて挨拶する場を設けている。ネタの内容を最後まで知っているのは松本と百田だけで、この時点で出演する上岡には何も伝えていない。カメラの前の即興ですべてを作るのが、関西流のテレビであり、松本が得意とする演出術だった。関西で不動の人気を得ていた上岡を前に、普通の学生なら萎縮して何も話せなくなるところだ。だが、百田はふてぶてしくこう言った。

「適当にツッコミを入れてください」

上岡が芸人として圧倒的に優れていたのは、松本曰く「眼前に起きていることを分析して、一瞬のアドリブで論理構成力ある批評」を口に出せることにある。そこが単なるテレビ的な反射神経によるリアクション芸と、上岡の一線を画したところだった。そんな一流芸人を前にして、ネタ用のフリップを持って登場した百田は、子供が書いたような下手な絵で京都のPRを始めた。そして、上岡が乗ってくる。

《「金閣寺、下鴨神社……そしてこれが無名の同志社大学であります。このように京都には名所がたくさんあります」
「ちょっと、ちょっと。名所なんて誰も聞いてへんねんや」（会場から笑い）
「（用意した紙のフリップを持ち出し）このようにABCDと4段階ありまして。えーとAがBで……」
「きみ、ほんまに同志社大学か」》
フリップには「？」で隠れた部分がある。百田は引き手を引っ張ると隠れた部分が明らかになると見せかけながら、引き手部分がちぎれるというお決まりのギャグを繰り出し、上岡は「何やってんねん」と突っ込む。会場全体の空気を、百田がコントロールしていた。
結果として、人を惹きつけるどぎついタイトルを掲げながら、「驚くべき」ことは何も明らかにならず、上岡と百田による軽妙な掛け合いだけで終わる。松本は本番を見ながら、この出来に感服していた。素人学生が、一流のコメディアンと同じように「茶の間」を意識していたからだ。以後、東京進出も果たした番組で常連「みじめアタッカー」となった百田は、学生時代から全国的な知名度を誇るようになった。今となっては、政治的スタンスの違いは明確であり、決して百田の政治的な発言を評価はしないであろう上岡も百田の才能は「高く評価していた」（松本）。

この番組から、百田だけでなく歴史小説家で『本所おけら長屋』シリーズで知られる畠山健二、元朝日新聞のエース記者で『ニュースステーション』でコメンテーターも務めた菅沼栄一郎を筆頭に、テレビプロデューサー、各局アナウンサーらメディア業界に多くの人材を輩出したことも松本の誇りである。

「それでも……」と彼は言う。「百田くんがエースで4番であることは間違いない」

松本はもう一つ、学生時代の百田について忘れられないエピソードを教えてくれた。百田は、当時から小説への憧れがあった。朝日放送近くにあった「ホテルプラザ」のコーヒーショップで、百田が講談社の文芸誌「群像」の新人文学賞に応募した作品「古本屋」を読んでいる。作品の欠点をいくつか指摘すると、激昂したという。しかし、松本は意に介さずこう思っていた。

「小説の才能は間違いなくある。ずっと書き続けたほうがいい」

百田が応募した1980年の受賞作は、長谷川卓の「昼と夜」だった。百田は一次予選通過者として「群像」にその名前が掲載されている。小説部門の応募総数は12

88篇であり、当時の最終選考委員は吉行淳之介、島尾敏雄、丸谷才一といった面々が名を連ねていた。

当時の群像新人文学賞は、綺羅星の如き才能を生み出した文学界の一大拠点だった。1976年に村上龍が受賞作「限りなく透明に近いブルー」で文壇に衝撃を与え、百田が応募した前年79年の受賞作は、村上春樹「風の歌を聴け」だ。81年には笙野頼子が「極楽」で受賞し、同年の群像新人長編小説賞優秀賞は高橋源一郎が「さようなら、ギャングたち」でその名を刻んでいる。ちなみに80年の評論部門には、法政大学でも教鞭を執った文芸批評家の川村湊、推理小説評論で名高い野崎六助の名前があった。

村上龍、村上春樹、笙野頼子、高橋源一郎——。いずれ劣らぬビッグネームがこぞって応募した「群像」に、同時代を生きる百田も応募していた。彼もまた無名の文学青年の一人だったのだ。

『ラブアタック！』終了後、松本は大学を中退し、定職についていなかった百田を誘い、それまで誰もやったことがなかった新しいテレビ番組を作り上げる。90年代の全盛期には関西で視聴率30％を誇り、今なお放送が続く『探偵！ナイトスクープ』だ。初代「局長」はあの上岡龍太郎であり、西田敏行、松本人志と局長を変えながら、関西では誰もが知っているお化け番組として君臨している。一般の視聴者から寄せられた疑問を、「探偵」に扮したタレントたちが解決する。番組を要約するとたったこれだけなのだが、素人の依頼を涙あり笑いありに仕立て、視聴者を熱狂させたのが、チーフ構成作家に抜擢されることになる百田だった。松本が『ナイトスクープ』の原案となる企画を考えていた時、たまたまホテルプラザにいた百田に声を掛けると、彼は喜んで参加すると快諾した。

百田はその期待に応えた。かつての文学青年は、エース構成作家として業界にその名を知られるようになった。伝説の回として名高い1993年8月6日の「大阪弁講座」で、百田は「(あの犬) チャウチャウ、ちゃうんちゃう」を地方から大阪に集った若者にレクチャーすれば面白いと提案し、そのアイディアはそのまま採用された。松本によれば、今でも大阪弁の定番ギャグの一つだが、源流はこの回にあるという。

もう一つ、この番組のスタンスとして大切にしていたのが、一般人である視聴者を絶対にバカにしないということだった。松本も百田も視聴者の感性を信じ、安易な素人いじりだけで笑いをとることをよしとしない。関西のテレビ界に流れる、リアリズム、視聴者が面白いというものは数字に跳ね返り、かつ正しいということを彼らは信じている。

この番組でバラエティーを超えて、学術的にも評価されたのが、91年放映の「全国アホ・バカ分布図の完成」である。詳細は松本の著書『全国アホ・バカ分布考』（新潮文庫、96年）に譲る。ここで重要なのは、ギャラクシー賞選奨に選ばれた同作を見た編集者が、92年に書籍化を企画し、大阪に向かったという事実だ。それが、太田出版の社長、岡聡である。

そこで松本から「僕の右腕」として百田を紹介された岡は、彼の人柄の虜になった。ある時は大学時代にのめり込んだボクシングの話を、ある時は趣味であるクラシックの話を、ある時は読み込んでいた本の話を……。尽きることなく繰り出される話題は、どれを聞いても楽しかったという。それが仕事として結実するのは、出会いから14年後、大手出版社が軒並み断った『永遠の0』の出版に踏み切った時のことだ。小説家・百田尚樹の生みの親にして、デビュー作からベストセラー作家としての地位を確立するまで、伴走した盟友と言っていいだろう。

私の取材に対し岡が何度も強調していたのが、「僕は百田さんと政治的な立場や考えが違うことも多いです。韓国や中国とは仲良くしたほうがいいと思っているし、政治的に保守的な思想ということもありません。それでも彼が面白い人であるというのは事実だし、僕はずっと友達でいたいと思っている」ということだった。

2人が最初に出版した小説『永遠の0』のあらすじはこうだ。現代を生きる孫たちが、終戦から60年目の夏に、特攻で亡くなった零戦パイロットである祖父・宮部久蔵の足取りをたどる。国に命を捧げることを拒み、臆病者とさげすまれても、生きて妻と子供の元に帰ることに執着していた祖父は、なぜ特攻で死んだのか。関係者の証言の先に浮かび上がる真実を探る――。

百田は私のインタビューに、デビュー作のテーマに戦争を選んだのは、自分の原点である親世代の経験を自分の子供の世代に残したかったからであり、伝えたかったのは「生きることの素晴らしさ」であると語っている。彼の周囲でも、戦争を知る世代がこの世を去る、あるいは去ろうとしていた。チームで取り組むテレビ業界の仕事だけでなく、個人として何かを残したい。そんな思いが原動力になった。50歳は「ゼロ」地点からリスタートした年になった。百田は当時をこう振り返る。

「(この小説を)批判する人は本当に読んでいるのかなと思います。戦争や特攻を賛美するような要素は全くないはずです。

僕がこの小説を書いたのは、自分が50歳になるのを前に叔父が亡くなり、親父も末期ガンになったことが大きな理由です。昔は親族で集まれば戦争の話をしていたのに、彼らの孫世代、つまり僕の子供世代には語っていないんですね。僕が何かの形で戦争を語り継ぎたいと思いました。映画も含めて、これはどう見ても特攻全否定の作品ですよ。特攻は、言語道断の作戦だと考えています」

それは静かなデビューだった。後に関連書籍も含めて500万部超という数字が躍るとは誰も思っていなかった。後にヒットにつながる口火を切ったと言われるのが、NHK・BSで『週刊ブックレビュー』の司会を担当していた俳優の故・児玉清の評価だ。児玉は文庫版の解説の中で「嬉しいを何回重ねても足りないほど、清々しい感動で魂を浄化してくれる稀有な作家との出逢いに天を仰いで感謝の気持を表わした」と激賞している。俳優としてだけでなく、無類の読書家でもあった児玉には、安倍晋三を政治家として高く評価する保守主義者としての一面があったことも記しておくべきだろう。

児玉の評価はありがたいとしつつも、岡は出版当初はむしろ、「左派から評価された」と語っている。当時、太田出版に所属していた編集者も匿名を条件に、これを裏付ける証言をした。

「あの時の太田で『永遠の0』を右派本と呼んだ人は誰もいなかったでしょう。20

06年まで社長だった高瀬幸途さんも会社にはしょっちゅう出入りしていました。高瀬さんは筋金入りの新左翼かつ辣腕の名物編集者でした。最晩年には仲違いをしましたが、幻冬舎の見城徹さんとも盟友です。

そんな高瀬さんも何も言っていなかったし、本当に左派系の人たちから注文もたくさんあったんです。太田はサブカル系出版社で、めったに小説は売れないのに、よく売れていて凄いという空気感でした」

岡もこの編集者も「右傾化エンタメ」と呼ばれるようになったのは、百田本人のツイッター（10年に開始）と紐づけて語られるようになってからだと証言している。

もう一つ証言を裏付ける事実がある。同作は講談社で文庫化後、10年7月11日に朝日新聞の書評欄に取り上げられ、絶賛されている。文庫化でさらに読者は広がり、毎週のように増刷がかかっていた。朝日新聞の書評は掲載のハードルが高く、書店員も読書好きも読む。評者は文芸作品の書評や作家インタビューを数多く手掛けてきた、ライターの瀧井朝世である。

本の売り上げを左右すると言われるTBSの人気番組『王様のブランチ』のブックコーナーにも出演している歴戦の書評家は、「この本を読んで『ボロ泣き』」（朝日新聞読書面ツイッターより）した。そんな彼女がいかに「絶賛」したかを引用する。

「死んだ人間の本音を聞くことはできない。しかし周囲の証言から、祖父が何を正義とし、そして何を決断したのかが少しずつ組み立てられていく。そして最後まで信念を持ち続けた彼の心の強さが明るみに出る場面では、どうしても涙腺が刺激されてしまう。だが本書は『哀しくて泣かせるだけの本』ではない。祖父の真実を知った後、人生における決断を下す主人公たちのように、読み手にも何らかの勇気が与えられる。読後には、爽快感すら残されるのだ」

この書評には「右傾化」「戦争賛美」という批判は一切出てこない。百田の物語構成のうまさは賞賛の対象であり、懸念は、みじんも語られない。作家の本質はデビュー作に表れるという格言に従うならば、そこには確かに本質が詰まっている。かつて百田を担当してきた編集者に話を聞くと、共通する評価ポイントが浮かんできた。そのいずれもが『永遠の0』にはある。

一つは「読みやすさ」だ。百田の小説はどれも平易な日本語で書かれている。デビュー作では、複雑な戦場描写を経験者の「語り」という形で表現することで、シーンを再現した。百田はテレビで培ったナレーションの技術、彼が肌感覚で実感してきた「自らの体験を語る一般人の面白さ」を小説に応用している。

次に「ストーリーテリング」の妙である。どうすれば読者を飽きずに引き付けられるのか。感動させることができるのか。山場をいくつも作るストーリー展開と構成力、これも視聴率と向き合ってきたテレビでの経験を応用している。岡はある時、百田から『ナイトスクープ』の分刻みの視聴率グラフを見せられた。ちょっと下がった原因は展開がもたついたからチャンネルを変えられた、上がったのは盛り上がるように山場を作ったからといった形で百田は事細かに分析してみせた。小説執筆中も何度も「チャンネルを変えられないようにせんとなぁ」というつぶやきを聞いている。

今となっては誰も指摘していないが、こうした百田の作品は、現代屈指のストーリーテラーからも高く評価されてきた。絶賛したのは瀧井だけではない。『ボックス！』（講談社文庫、13年）の解説で、「メタルギア」シリーズで知られる世界的なゲームデザイナー・小島秀夫がこう記している。

「（百田作品のキャラクターは）外見や血統、人種、性別、敵も味方もない、人としての強さと美しさが真摯に描かれる。（中略）どんなジャンルを描こうと、百田さんが常に人気作家である理由はそこにある」

伝説のボクサー、ファイティング原田を描いたノンフィクション『「黄金のバンタム」を破った男』（PHP文芸文庫、12年）の解説を書いた増田俊也は、もっと直截的な賛辞を贈っている。大宅壮一ノンフィクション賞を受賞するなど、業界屈指の書き手である増田は、「論文のような評伝」が多い現状を嘆き、読ませることの重要性を知っていると百田を評価する。そして、目標とする作家は「百田尚樹さんです」と「はっきりと言う」と明記した。

06年までどこにも相手にされなかったオールドルーキーは、実力でのし上がり、わずか数年足らずでベストセラーと高評価を連発する出版業界の希望になっていく。児玉、瀧井、小島、増田ら一流の読み手、作家のお墨付きも得た。同じジャンルの作品は繰り返さない、と明言し多彩に描き分ける百田を出版不況に悩む業界が放っておくわけもなく、各社はこぞって駆け寄り、新作がほしいと口説いて回った。

「週刊現代」（講談社）元編集長で、百田の担当編集も務めていた加藤晴之は、『海賊とよばれた男』のモデルになった事件に関する資料をダンボールいっぱいに詰め込んで百田に送っている。

「百田さんの説明が抜群に面白く、これはいけると思いました。同じ事件を知っている人はたくさんいるけど、誰もが面白く説明できるわけではない。百田さんはどこにドラマがあって、どう人に話したら面白いのかということをよく知っているんです。だから小説も面白い」と加藤は熱っぽく、その理由を説明した。

当時を知る男性編集者の一人も取材に応じ、こんなことを語っている。

「売れていってからも百田さんに悪い印象は全くなかったです。こちらに対する横柄な態度は一切なく、原稿についてはとても謙虚。小説についても、すべて百田さん自身が編集者とやり取りしていました。疑問点やわかりにくいところを鉛筆で書き込むと、すぐに直してくれるし、感想は積極的に聞いてくれるし、そこで良いと思ったもの、直さないといけないと思ったところはすぐに対応してくれる。

『この俺の原稿に編集者風情が鉛筆を入れるな』というようなことは全くないですね。書店員からも好かれていました。どんな小さな書店でも嫌がることなく、営業で回って自分のファンにして帰ってくる。誰にでもできることではない」

エンタメ小説界における百田の頂点の一つは、13～14年だと言っていいだろう。多くの書店員を味方につけて『海賊とよばれた男』で本屋大賞受賞、『永遠の0』は映画化され、邦画界で異例の大ヒットを記録した時である。百田の活躍に目をつけていたのは、小説業界だけではなかった。やがて彼はデビュー作から数年で、もう一つのメディアへと足を踏み出していく。その転機は12年にあった。

2

再び19年3月26日、東京・神保町「三省堂書店」前——。私の目的はもう一つあった。百田と右派論壇を結び付けたキーマン、月刊「Ｈａｎａｄａ」（飛鳥新社）編集長・花田紀凱《かずよし》に会うことだった。首相に返り咲く前から安倍晋三を一貫して支持する、右派論客・影のドンとも言うべき人物だ。

「週刊文春」の名物編集長として辣腕を振るい、売り上げを伸長させ、雑誌「マルコポーロ」に異動する。95年、同誌に一つの記事として「戦後世界史最大のタブー。ナチ『ガス室』はなかった。」を掲載したところ、国外からも強い抗議を受けて編集長の座を解任された。出版の歴史に名を刻む「マルコポーロ事件」である。花田は事件の翌年、自らの意思で文藝春秋を退職する。

その後、朝日新聞で新雑誌立ち上げに関わったが、これといって印象的な結果は残せなかった。そんな花田の名前が再び注目されるのは、右派的な路線を明確にした月刊誌「WiLL」（ワック・マガジンズ）を2004年11月に創刊し、売り上げを伸ばした時のことだ。花田のネットワークを駆使し、創刊直後から西尾幹二、石原慎太郎ら「右派言論人のオールスター」とでも呼べそうな執筆陣を揃えた。

現在は自身の名を冠した雑誌で「WiLL」の路線を引き継ぐような論調の雑誌を作り続けている。19年7月の参院選前に、首相である安倍晋三と政権ナンバー2である官房長官・菅義偉のインタビューの同時掲載を実現し、業界に強いインパクトを与えたことも特記すべきファクトだ。彼は論壇だけでなく、現実の政治にも一つのシーンを作り上げた。

ある時から花田が手がける右派系論壇誌の執筆陣に「百田尚樹」が加わっていた。それはなぜなのか。狙いはどこにあったのか。すべてを知るのは花田しかいない。三省堂の前で何人かのスタッフと共に百田に付き添っていた花田に声を掛け「取材依頼を送っているのですが……」と告げると「それは悪いことをしたなぁ。もちろんお受けしますよ。こちらにご連絡ください」とつながりやすい連絡先を名刺にメモして、渡してくれた。

花田紀凱

4月2日、神保町のオフィスビルにある飛鳥新社に向かった。約束の時間に到着したが、先の取材が長引いてしまい花田の到着が少し遅れると同社にいたスタッフから告げられた。通された会議室の壁には出版物の広告がずらりと貼られている。ひときわ目立つのが、土下座する百田の姿だった。『今こそ、韓国に謝ろう』のタイトルにあやかり韓国に謝っている様子なのだという。
「お待たせしてすいません。現場が好きなもので……」と丁重な謝罪から取材が始まった。誌面から受ける強面な印象はなく、アクティブさを象徴するようなデニムと年相応に柔和な口調が印象に残るメディア人がいた。
「僕も人様の言葉で飯を食っていますから、自分は何を書かれてもいい。でも、僕の雑誌が右寄りくらいならいいんですけど、『極右』って言われるのは抵抗があるんですよ。僕は、ちょっと右寄りです」

私が「だいぶ右寄りじゃないですか」と返すと、苦笑交じりに、雑誌全体を見て判断してほしいのだ、と語った。連載陣には、確かに花田と政治的スタンスが真逆のお笑い芸人「爆笑問題」が名を連ねる。思い返せば「ＷｉＬＬ」でも、左派系スキャンダル雑誌として一世を風靡した「噂の眞相」（２００４年休刊）の編集長、故・岡留安則を起用していた。政治的な立場を超えて、面白い書き手に雑誌という場を与えていく姿勢は持っていると言う。

百田は、花田が編集長だった12年10月号の「ＷｉＬＬ」で初めて安倍と対談している。収録時は民主党政権で、安倍は一野党議員であり、総裁選に立候補するかどうかも明言していない頃だった。一方で百田は、前章で見たように「日本で一番売れる小説家」としての地位を確立していた。

百田は直前の同誌9月号に民主党批判の論考を掲載し、ラストを安倍再登板待望論で結んでいる。これを読んだ安倍が感激し、百田の携帯に電話をかけた。そして、対談が組まれたというのが一連の経緯だ。百田はそれまで政治をテーマにまとまった文章を書いたことはなかった。ツイッターで民主党政権を批判することはあったが、あくまでツイートの範囲だ。彼に雑誌メディアで発言の場を用意したのが、花田だった。安倍・百田対談の狙いはどこにあったのか。

「対談を提案したのは僕ですね。依頼をしたのが僕だったかどうかは覚えていないですけど、彼の思想傾向はツイッターでわかっていましたからね。この対談で、２人の信頼関係は増したと思いますよ」

後の対談で、安倍はもとより百田の小説のファンだったと明かしている。特に最初に読んだという時代小説『影法師』（講談社、10年）を絶賛し、百田の小説から「他者のために自分の人生を捧げること」というテーマを読み解く。ここから自身の政治家人生を重ね合わせるような発言をしている。確かに百田の小説――特に初期の頃――には、自分は何のために生きるのかという問いが内包されているものが多い。そこから他者のためという答えが導かれ、対談内ではさらに「他者」が拡張され、「日本人」の生き方や「国家」まで議論している。

花田が図らずも口にしたのは、百田の右派論壇デビューのきっかけがツイッターだったという事実だ。百田のインタビューから抜き出しておこう。

「僕はもともと政治的な人間じゃないんですよ。政治は嫌いです。（自伝的小説）『錨を上げよ』（講談社、10年）の主人公は左翼も右翼も嫌いでしょ。僕と似ていて、全部嫌いなんです。僕は昭和31年（1956年）の生まれですが、育っていく中で、自民党政権ではロッキード事件やら、官僚の腐敗やらいろいろある。左翼は『世界同時革命』だとかよくわからないことを言って、運動をしている。愚かしいものだと思って見ていました。今になって振り返れば、日本は国内問題だけ考えていればよかった時代でした。

当時、中国は発展途上国でしたし、ソ連は衰えていく過程で、北朝鮮もミサイルなんて持っていなかったし、韓国もどうということはない。今はどうですか。日本周辺はきな臭い時代になってきました。民主党政権が誕生して、これほどひどい政党はないと思いました。国外問題への対応、外交が特にひどかった。

ツイッターもやっていたので、そこで民主党政権を批判しているうちに雑誌『WiLL』の編集者から電話がかかってきて、『ツイッターが面白い。百田さん、もっと思い切り書いてみませんか』と言われて、書きました。これが最初ですね。僕は小説家なので、政治について何かを書いて、お金をもらうという意識はありませんでした。でも、言えるツールを見つけましたね。それがツイッターです。ツイッターなら原稿料ももらっていませんから、自分の好きなことが言えます。以前から政治について書きたかったというわけではないんです。僕の編集者みんなから、ツイッターはやめたほうがいいって言われますよ」

ここでも百田は自身の影響力になんら関心をもっていない。この発言から読み解けるのは、ある種のプロ意識である。原稿料が発生するのならば、依頼主である編集者の意向を汲むことも必要だ。だが、ツイッターには原稿料が発生しない。ならば自分の言いたいことを言うことが大事であり、お金をもらわずに、つまり、依頼主の意向を一切気にすることなく発言できるメディアを持っていることが重要だったという。右派論壇からすれば、ベストセラー作家という強力な味方を得たという感じだろうが、本人にその自覚はない。

花田は、さらに百田を政治言論に引き入れた人物がもう一人いたことを明かした。故・三宅久之（2012年死去）である。元毎日新聞記者、晩年は『ビートたけしのTVタックル』や『たかじんのそこまで言って委員会』など東西の人気番組で政治コメンテーターとしてテレビで活躍していた。三宅は安倍再登板に向けて、右派メディアの人脈をフルに使って「運動」を展開していた。三宅が代表発起人となり、12年9月の自民党総裁選を前に「安倍晋三総理大臣を求める民間人有志による緊急声明」を発表した。その発起人の中に百田の名前があった。彼の「運動」の成果を示す記事がある。朝日新聞が2015年に連載した企画「70年目の首相」だ。記事内に、三宅の動きを追った重要な記述が記されている。

「民主党政権が誕生してから1年近くたった2010年夏のこと。『テレビの人間だったら、何か企画はできないのか。安倍君をうまく引っ張りだす方法を考えてくれ』

政治評論家の三宅久之は、読売テレビの番組『たかじんのそこまで言って委員会』のプロデューサー井関猛親に持ちかけた。関西エリアを中心に放映される人気番組だ。安倍は、09年衆院選で6選を果たしたものの、『政権投げだし』という批判は消えていなかった。再び表舞台に押し上げるにはどうしたらいいのか。三宅は苦悩していた」(朝日新聞15年10月1日付朝刊)

苦悩した三宅は『そこまで言って委員会』で安倍と関西で圧倒的な人気と影響力を誇った――そして、やがて百田が取り上げることになる――やしきたかじんと安倍の対談を実現させる。安倍の好感度は少なくとも放映された関西では上がった、と言われている決定的な転機となる瞬間だった。

三宅はさらに動きを強める。安倍側近の一人である衆院議員の下村博文からのアプローチに、彼は応えた。「自民党総裁選まで1年半を切っていたが、世間では安倍待望論はほぼ皆無だった」（朝日新聞15年10月2日付朝刊）が、下村と三宅は水面下で動きを強めていく。下村は安倍に文化人を中心に安倍総理再登板を後押しする勉強会の設立を提言し、安倍はこれを快諾する。

「その年（※筆者注：2011年）の7月上旬。東京都内のホテルで初会合が開かれた。安倍本人を始め、呼びかけ人の三宅や下村、評論家の金美齢、日下公人らが出席した。月刊誌の企画記事で、次期首相に安倍の名前を挙げた知識人たちに三宅と下村が声をかけて集めたのだった。（中略）三宅が『安倍晋三再生プロジェクト』と名付けた会合は総裁選直前まで続く」（同）

百田自身は「自分が政治に影響力を持ちたいと思ったことはない」とインタビューで答えていたが、花田の手による右派論壇デビューを境に、ベストセラー作家は右派の輪の中に入っていく。大きな流れは三宅が絵を描いていたとみて間違いない。安倍再登板が実現して以降、百田の右派系メディアでの仕事や政治的な発言、歴史認識についての発信の場は急速に増えていった。安倍政権誕生とともに13年にはＮＨＫ経営委員にも就任した。周囲の目はこれを機に変化した。百田の書籍を手がけた前述の男性編集者は空気の変化をこう表現していた。

「僕はそのころ転職活動中で、その一つでＮＨＫ関係の出版社も受けていました。主要な業績を聞かれたので、どこでも百田さんの本を挙げました。実際によく売れましたし、僕としても立派な業績だと思っていたわけです。そうすると、他の出版以上に質問はそこに集中するんですね。

僕自身の政治的スタンスはどちらかと言われなくてもリベラルです。だから、なんで、ＮＨＫの人たちがそこに食いついてくるのかは不思議だったのですが、今から振り返れば、あぁそういうことかと思っています。経営委員になった百田尚樹を明らかに警戒していた。だから、僕の仕事にも警戒していた。百田さんとのつながりを知りたかったのでしょう。結果的に落ちましたが、まぁ仕方ないことです」

書評だけでなく、12年7月に名物コーナー「おやじのせなか」で百田を取り上げていた朝日新聞も、この頃から批判のトーンを強めていく。「おやじのせなか」でインタビュアーを務めた記者は、一方で韓国の元慰安婦問題を精力的に取材している記者でもあった。

話を花田に戻そう。彼は「百田の本質は小説家であり、学者ではない」と言う。歴史認識についても、例えば新しい史料を発掘して新解釈を示す、というような「新しさ」はないと明言する。だが、「百田さんは何より語り口が面白いし、見事ですよ。ユーモアもあるしね」。ここでもポイントは語り口なのだ。

ツイッターで百田を発掘した花田だが、彼のツイッターには苦言を呈していることも記しておくべきだろう。「あそこで激しいことは書かないほうがいい。だって余計な波乱とか、炎上を招くでしょ。言わずにはいられないんでしょうけどね」と打ち明ける。もっとも百田の舌禍癖くらいで右派論壇は揺るがない。花田たちの「支え」もあってカムバックから安倍一強時代は続く。出版業界を見渡せば、売れるのは右派系の本や雑誌ばかりだ。すっかり勝ち組ですねと話すと、花田は首を振った。

「こういう雑誌はメディアでは少数派。全く売れているとも思わないですよ。だって朝日新聞は毎日何百万部と発行しているんですよ。それに比べたら、部数なんてまだまだでしょう。百田さんだって朝日に比べたら少ないもんですよ。だからこそ僕は発言の場をつくっていきたいんです。他には載せられないような発言だって、載せるべきだと思えば載せていきますよ」

3

花田はここで、「語り口」と並ぶ重要なキーワードをぽろっと口走っていた。取材時にはぼんやりとしか見えていなかったが、彼らを結び付けているのはイデオロギーだけではない。むしろイデオロギー以上に強い、権威に立ち向かうというメンタリティーにあるということが後々、わかってくるのだった。

「リベラルはおもろないねぇ。変に真面目やし。その点、百田さんはものすごく面白い。ジョークや笑いも交えてニュースを語るじゃないですか。そこが全然違うでしょ」

百田がレギュラーを務めるインターネットのニュース番組『真相深入り！　虎ノ門ニュース』を制作するDHCテレビジョン社長の山田晃は率直に、起用の理由を語った。普段、現場に立っている時のデニム姿から一転、取材時にはスーツを着て、路上に面したガラス張りのスタジオに案内してくれた。百田との接点は彼のAD時代に遡る。

「僕が関西のテレビでADを始めたのはもう25年くらい前ですが、その時すでに百田さんは大作家でした。たまに『ナイトスクープ』の会議をのぞくと、百田さんが当時凝っていたコイン手品の練習をしていて、自由だなぁと驚きましたよ。この番組を始めてから、ぜひ出てほしいと思ったのが百田さんです」

『虎ノ門ニュース』は、百田のほかにも右派系論壇誌の常連寄稿者と重なるメンバーを重用する番組として、ネットと右派をつなぐ重要なメディアになっている。百田がレギュラー出演する毎週火曜日はひときわ大きな人の輪ができる。彼を一目見ようと、スタジオ前に人が集まるのだ。スタッフは感嘆交じりに語る。「百田さんの読者は熱

山田 晃

心に足を運んでくれます。百田さんも読者の方も、番組にとってはありがたい存在です」

同社は化粧品大手DHCの関連会社である。当然ながら、番組はDHC会長である吉田嘉明の意向が強く反映されている。吉田がどのような思想の持ち主なのかを知るために、多くの分量を割く必要はない。象徴的な言葉を読めば事足りるからだ。DHCテレビは、制作した情報バラエティー番組『ニュース女子』がBPO（放送倫理・番組向上機構）から「重大な放送倫理違反」を指摘された過去がある。吉田はこの時、BPOに対し激しく反論している。

「普段NHKや地上波の民放テレビを見ていて何かを感じませんか。昔とは明らかに違って、どの局も左傾化、朝鮮化しています」

「今、多くの番組で東大や早稲田大出身の教授、在日帰化人のジャーナリストや文化人、一見性別不明の左翼芸能人らが特に珍重されているようです。私が在日帰化人の問題に触れると、すぐに『ヘイトだ』『差別発言だ』と言われますが、私は決して差別主義者でもレイシストでもありません」（産経新聞によるウェブメディア「iRONNA」より）

彼の思想傾向は極めて明確であり、これ以上にないほどにわかりやすい。

＊

下請けの番組制作会社からキャリアをスタートさせた山田の転機は、関西の視聴率王・やしきたかじんに関わったことだ。彼はたかじん関連のウェブサイトを運営する会社のスタッフとして、バラエティー番組『たかじんのそこまで言って委員会』などの収録現場を回りながらウェブ用のコンテンツ制作をしていた。安倍が「異例」と言ってもいい頻度でゲスト出演し、復活のきっかけを作った番組であることは、先に記した通りだ。

業界で培った人脈をたどり、17年から社長になった山田にとって教科書は、たかじんの現場だった。彼が学んだのは、政治を扱う番組であっても「面白さ」が大事であるということだった。関西のテレビでは、東京以上に「本音」で語ることが求められる。偽善的な言葉でしか語ることができないような「ええかっこしい」は嫌われ、どれだけ本音をぶちまけることができるのかが「面白さ」の一つの基準になる。

それを誰よりもわかっていた芸人の一人がやしきたかじんだった。『ナイトスクープ』の名物「局長」であり、関西を代表する芸人だった上岡龍太郎は「本音」をぶちまけてはいたが、相手は時の権力者に向かっていた。「上岡さんは左派的、リベラル的な姿勢を鮮明にしていた。今の百田さんを上岡さんは評価しそうにない……」と話を振ると、意外にも山田も「上岡さんもめっちゃおもしろかったねぇ。今のリベラルにあんな面白いことできる人いないでしょ」と同調した。イデオロギーの前に、語り口の面白さが大事なのだ、と彼は考えている。

「テレビの前でキレたり、けしからんって言うのも芸なんで、やっぱり腕が必要なんです。右とか左とか関係なく、おもろいことが大事なんですよ。最後は笑わせなあかんのでね。今はつまらないでしょ。この番組でもたかじんさんの番組作りは大いに参考にしています」

では同社の目玉とも言える中国や韓国、リベラルに対して批判をすることはどこが「面白い」のだろうか。

「サヨク叩きばかりやっていても、数字は伸びません。批判ばかりでは面白くないからです。韓国も中国もそれって普通に考えておかしくない？　ってことが多いじゃないですか。それを『普通の人』の感覚を大事にして、わかりやすく、面白く伝える。百田さんは『普通の人』の感覚を理解しています」

山田は、地上波テレビは「普通の人」と乖離していると語る。そこに憤りを感じ、自分たちから変えたいのだと言う。例えば、野菜の価格高騰というニュースがあったとしよう。スタジオで局アナやコメンテーターたちがしたり顔で「庶民の暮らしは大変です」と語る。山田にはそれが我慢できない。彼らの年収はいくらなのか。同じ仕事をしているのに、下請けの制作会社の2倍はもらっているのではないか。そんな待遇を下請けに強いてきて、庶民の味方、正義は自分たちにあると言わんばかりの態度に疑問を感じてしまうのだ。

山田は「僕は元左翼少年」だったと明かす。実家には日本共産党の機関紙「赤旗」が届き、山田自身も赤旗の配達をしていた過去がある。やがて大学進学を機に考えは変化する。「左翼の考えは楽なんです。憲法9条を守っておけばいいとか、なんでも政権が悪いとか、もはや宗教みたいなもので、あまり考えなくていいんですよね。それってちょっとおかしくないか」と思った。そんな山田だからこそ、余計にリベラルメディアにはどうしようもない欺瞞、偽善を敏感に感じ取ってしまうのだろう。

関西流の「本音主義」は、インターネットにそのメソッドが流れ込み、DHCという強力なスポンサーも得た。本音が向かう「権威」の一つは「ええかっこしい」なマスメディアである。花田も朝日新聞を大いなる権威であると考えていた。もう一度、整理しておこう。彼らのメンタリティーに共通しているのは、自分たちはマイノリティーであり、自分たちこそが権威に立ち向かっているという意識だ。

4

19年4月半ば、私は今回の企画にあたり、どうしても取材が必要だと考えていた人物に向けて、手紙を書いていた。ベストセラー作家に駆け上がっていった百田は右派論壇デビューを飾ってからというもの、作品にも多くの批判が向けられ始めた。特に集中砲火を浴びたのが『殉愛』、そして『日本国紀』である。両者の共通項は、『殉愛』ならノンフィクション作家、『日本国紀』なら歴史学者といった、その世界のプロも加わり批判的に検証されていること。そして、版元である。いずれも社長・見城徹率いる幻冬舎から出版されている。

見城の取材が難しいことはあらかじめわかっていた。2作の騒動について、社長自らがインタビューという形で語った記事を見つけることはできなかったからだ。大手全国紙から何度も取材依頼を受けていたことは想像に難くないが、見城は一切の取材に応じていなかった。真正面から反論することもなければ、弁明もしていなかった。

望みは薄いが、依頼を出さずに後悔するくらいならやることはやっておこう。数日かけて書いた手紙の下書きを便箋に書き写し、速達で送った。その次の日、私は大阪行きの新幹線に乗っていた。

大阪――。そこは百田尚樹のホームグラウンドであり、『殉愛』騒動の現場でもある。2018年11月に大きな動きがあった。『殉愛』でいわば悪役として登場するたかじんの元マネジャーの男性が、幻冬舎と百田を名誉毀損で訴え、勝訴したのだ。もっとも、「大きな」というのは、私にとってという意味であり、メディア上では朝日新聞から産経新聞まで、そろって小さく報じたにすぎない。

「タレントの故やしきたかじんさんの闘病生活を描いた作家、百田尚樹氏の書籍『殉愛』を巡り、名誉を傷つけられたとして、たかじんさんの元マネジャー男性（52）が、百田氏と出版元の幻冬舎（東京）に1100万円の損害賠償を求めた訴訟の判決で、東京地裁は28日、名誉毀損などを認め、計275万円の支払いを命じた」（産経新聞18年11月28日付）

男性の訴訟については、『ゆめいらんかね　やしきたかじん伝』（小学館文庫、17年）などで知られるノンフィクション作家の角岡伸彦が自身のホームページで傍聴記をまとめ、公表している。『殉愛』をめぐる一連の騒動について、誰よりも丹念に取材を積み重ねてきた角岡は、法廷で雄弁に反論し、自身の取材が名誉毀損にはあたらないと主張する百田の姿を目の当たりにしている。

角岡の証言──「裁判での百田さんは全く反省しているように見えなかった。悪びれるどころか堂々と反論していました」

百田側は控訴を見送り、判決は確定した。その理由は明らかである。判決で、反論はほとんど認められておらず、法律のプロが読めば二審以降で覆るとはおよそ思えないほどに原告の主張を採用しているからだ。

私は、大阪で元マネジャーの弁護士など訴訟の関係者を取材し、判決文や百田が法廷に反論の証拠として提出した当時の取材ノートなどをこの目で確認することができた。判決で、元マネジャーが名誉毀損だと訴えた箇所は『殉愛』の中でたかじんさんの妻であるさくらに暴言を吐いたこと、たかじんの会社の帳簿を操作したなどと記述した計19カ所である。判決はこのうち14カ所で「社会的評価を低下させる」ものとして名誉毀損の成立を認めていた。

判決では、記載された箇所について百田側は「さくら、さくらと利益を共通するプロデューサーや立場の近い友人」の発言を中心に記載し、元マネジャーやたかじんや彼の会社に関わっていた弁護士、税理士などの取材は一切なかったことが認定された。「純愛ノンフィクション」と宣伝しながら、取材がないままに元マネジャーが「能力を欠き、金に汚く、恩義のある人物に対してふさわしくない行動をとり、さくらには嫉妬して怒鳴るような人物」として描かれてしまったことを、とりわけ問題視している。

同書については、２０１７年に別に提訴したたかじんの長女に対する名誉毀損も最高裁で確定している。男性側の弁護士、原田裕はいかにもベテランという風格を漂わせた弁護士だった。大阪市内の事務所で、苦々しげな表情で判決を見ながら、こちらの質問に答えてくれた。

「相手の反論を聞いた時に、これは全く反論になっていないと思いましたよ。結果として、裁判所もこちらの訴えをかなり認めてくれました。仮に控訴されたとしても、ここまで認められたものを覆すことはかなり難しいと思います。百田さんはほぼ利害関係者の証言だけでこの本を書いたわけです。この中の表現によって、『悪役』として描かれた彼の生活は大変なことになってしまった。せめて取材はすべきでしょう」

元マネジャーは『殉愛』出版後、社会的な信用を失い、芸能界での職を得ることもできなかった。家族ともども、大阪から東京への引っ越しを余儀なくされている。表現は、生活を壊すこともできる。判決に書いてあることも、指摘されていることもジャーナリズムの世界では至極当たり前のことに思えた。その点を百田に問うとこんな答えが帰ってきた。

「これで百田尚樹は読まないと言われることもありました。自分としてはちゃんと取材はしていた。書き方も今から思えば申し訳なかったとは思うけど、もう一回書いて世に出てしまったものはしょうがない」

今なら別のやり方があったと思うかと重ねて問うと「確かに、書き方については、もっとこうしたらよかったという思いはありますが、仕方ない。書いてしまったんやから」と言う。一応の反省を示しつつも、過去は変わらないのだと繰り返し語った。いみじくも百田自身が語ったように「過去は変わらない」。だからこそ、事実を書く際には慎重さが求められる。『殉愛』騒動を取材しながら、よぎったのは『日本国紀』でも批判されている、ファクトへの向き合い方だった。

ノンフィクション作家の沢木耕太郎はかつて「ニュージャーナリズムについて」（『紙のライオン』所収、文春文庫、87年）という短い評論の中で、小説とジャーナリズムの違いについて、こんなことを書いている。

沢木は小説家であれ、ジャーナリストであれシーンを手にいれる方法は3つしかないという。すなわち体験、取材、想像力である。ジャーナリストはこのうち3番目の想像力にのみ制限をかけられる。想像力をつかってシーンを描くことだけは許されない。つまり「自分の恣意によってシーンを創作し、あるいは変形してはならない、という事実に対する倫理観」が小説家とジャーナリストをわける一線である、と。これはそのまま小説とノンフィクションを分ける一線にもなる。

ノンフィクションと銘打つ以上、小説のシーンのように想像力で描くことはできないことは当然の前提だ。そうであるがゆえに、幻冬舎の対応は解せない。『殉愛』の後に、百田尚樹が新刊を出す。それも歴史をテーマにするとなれば、小さなミスが批判を呼ぶことは当然予測できるはずだ。それなのに見城は、なぜ出版したのか。思い付く可能性は3つだ。批判が関係ないほどの利益が見込めるか、作家・百田尚樹の可能性に賭けたか、あるいはその両方か——。取材を終えて、大阪の街を歩いている時に携帯が鳴った。「ニューズウィーク日本版」の担当編集者からだった。

「見城さんから取材に応じると連絡がありました」

5

19年5月10日、東京・北参道――。駅から徒歩数分の好立地に幻冬舎はある。応接間に案内されると、約束の時間ぴったりに見城徹はやって来た。百田の担当編集者である高部真人も同席した。見城が『日本国紀』について取材を受けるのは初めてだという。彼は低音ではあったが、常にはっきりとした口調で質問に応じた。

見城徹――。角川書店の名編集者として名を馳せ、93年に幻冬舎を設立。ヒット作や話題作を数々世に送り出し、会社を着実に成長させたメディア界の大物だ。その直截的な言動から、業界内外で好き嫌いがはっきり分かれる人物であり、アンチは決して少なくない。隙あらば彼を徹底的に批判したい人が一定数存在することは、少し検索すればわかることだ。

初対面の印象は、豪放磊落と思われているが、意外と繊細な人なのだろうというものだった。それは着ているものから推測できた。彼は、この日グレーのスーツを着ていた。ただのスーツではなく、ジャケットのラペルにあるフラワーホールを水色の糸で縫っている一着だった。その水色にあわせて、同系色のネクタイを合わせ、水色に映える色合いのチーフを挿す。この年の男性にしては珍しく、細部まで行き届いた着こなしだった。ここまでの隙のなさは、逆に警戒心の現れとも受け取れた。

「変に同調する必要はないから、遠慮せずに何でも聞いてほしい」というのが唯一、提示された条件らしい条件だった。私がここで聞きたかったテーマは、大きく分けて4点ある。(1)百田の評価(2)『日本国紀』という本は学術的な歴史書なのか(3)『殉愛』騒動についての考え(4)『日本国紀』の重版ごとの修正やコピペ批判への見解、である。

見城 徹

インタビューは大前提として百田尚樹という作家を見城がどう捉えているのかを聞くところから始めた。見城徹の目から見た作家・百田尚樹の評価は一体どのようなものか。間髪入れずに答えが返ってくる。

「百田さんの小説は読みやすいと言われる

けど、単純ではない。裏打ちとしてあるのは彼の文章学であり、人間に対する見方、考え方だ。それをエンターテインメントに落とし込んで、かつ人の心に染み込むように書けるというのは、並の作家ではできない」

その上で、と見城は続ける。この見方は百田の本質を的確に捉えている。

「事実とフィクションを混然とさせながら書いていくのもうまい。シーンを想起させる文章も、人が食い付くように書くのもうまい。全部計算して書いている。だから売れる。視聴率の取り方をものすごくよくわかっている」

では、問題点を絶えず指摘された『日本国紀』をどのような本として認識しているのか。問題はないという認識なのか。

「『日本国紀』は百田尚樹という作家の作品であり、百田史観による通史だ。百田尚樹という作家が、日本という国の歴史をこう捉えたということ。これがはるかに大事なんだよ。まさに叙事詩だ。彼は歴史家じゃなくて作家。作家によって、新しい日本の通史が書かれるという興奮のほうが大きい。僕は百田尚樹がどんな政治信条の持ち主でも出しましたよ」

右派的な本が売れているから、ビジネス戦略として『日本国紀』を出したのではないかとの問いにだけ、見城はやや語気を強めて反論した。

「そんなことは1ミリも思っていない。僕にはビジネス的に右派が売れているから右派の本を出そうという考えは全くない。右派的な本や雑誌ばかりが売れるのはどうかと思っている。もちろん、売れることは大事だ。売れる本があるから、全く売れないとわかっていても世に必要な本が出せる。僕が元日本赤軍、極左の重信房子の本を何冊も出していることからわかるでしょう。その時は批判なんて来なかった。僕は右でも左でもない。見城という『個体』だよ」

百田もまたこの本は学術的な歴史書だとは認識していない。日本の歴史を「私たちの物語」として書いたのだと語る。その上で、「売ることが一番大事」と断言した。

百田の証言――「(『日本国紀』は) 学術的な本ではないです。僕が日本という国の物語を面白く書いた、という本です。民族には物語が必要です。日本には素晴らしい物語があるのに、これまで誰も語ってこなかった。歴史的事実を淡々と書いたところで、それは箇条書きと同じです。

僕は歴史で大切なのは解釈だと思っています。事実は曲げられませんから、事実に基づき、史料と史料の間を想像力で埋めて書いたのが、僕の解釈による通史です。日本の歴史書はこうあるべき、なんて思うことはないですね」

「売れることが一番大事。そのためにやっています。売れなくてもいいならブログに書いていたらいい。僕の本で、編集者、製本会社、書店、営業……。多くの人がご飯を食べているんです。売れなくてもいいから本を出そうとは思いません」

再び、見城の声を聞こう。「僕もこの本は売れてほしいというだけだ。65万部 (取材時の部数) じゃまだ足りない」と彼は平然と言う。見城と百田の思いはここでシンクロする。彼らは「大衆への思い」を共有している。テレビの視聴者と同じように、マーケットに広がるものには理由があり、一部のインテリに受けるだけでは多くは広がらない。大衆はインテリがバカにするような存在ではなく、物事の大切な部分を摑んでいる人々だ――。彼らが共通して抱く「大衆」は決して幻想ではなく、リアルな数字としてそこに存在している。

「売れている理由は明確でしょ。百田さんの史観と文章によって、歴史はこんなに面白いのか、というのがわかるからだ。特に12章以降の戦後史はこの本のハイライトで面白い」

右派的な歴史観が強く打ち出される戦後史が面白い、と言われてうなずくことはできないが、見城の分析はデータを見る限り、ポイントを押さえていることがわかる。全国のTSUTAYAとTポイント提携書店のPOSデータを分析するサービス「DBWatch」によると、『日本国紀』は刷り部数相応に売れており、百田のオピニオン系の書籍も数字が動いている。ここから「強いファン層」が実際に存在し、歴史観に共鳴していることは容易に推測できる。

であればこそ、初版以降、多くの修正が出たことについてどう考えるか。批判が集中したウィキペディアからのコピペ、他文献からの盗用があったのではないかという指摘についても幻冬舎から反論や見解を出していない。百田自身は率直にこう語っているにも関わらず、だ。

「間違いはいくつかありました。恥ずかしいミスもありました。僕の不徳の致すところです。そこは申し訳ないです。

いろいろな資料のなかにウィキペディアもあります。ですが、自分でも裏取りし、調べた上で書いています。参考文献はおびただしくあります。他の通史の本の巻末をみてください。巻末に参考文献を掲載していない本は他にもあります。なぜ僕の本だけ批判されないといけないのかがわかりません」

見城の見解――「この程度の修正はよくあることでしょ。校正をいくら重ねても出てしまうもので、版を重ねて修正するのはどの本でも当たり前のようにあること。うちの本にも、他社の本にもありますよ。今の修正なら、僕の判断で（正誤表は）必要ない、と決めました」

同席した高部は、現場レベルでの校正は丁寧にやったと強調した。

「校正について言えば、普通の本の3倍以上はやっています。通史で全部のファクトを細かくチェックしていけば、校正だけで5年はかかります。監修者の協力も得て、一般書としての最高レベルでやりました。それでもミスは出てしまう。それは認めるしかありません」

高部の見解を引き取り、見城はさらに強い口調で、はっきりと語る。

「こちらにやましいことは一切ない。ある全国紙から何度も、コピペ問題について取材依頼が来ましたが、応じるまでもなく、どうぞ好きに書いてくださいというのがこちらの考え。ウィキペディアを含めてさまざまな文献を調べたことは当然、あったでしょう。だけど、そこからのコピペで、これだけ多くの読者を引きつけられるものは書けない。この件も百田尚樹だから批判が出るのでしょう。安倍さんと近いとか、そんなことが大きな理由じゃないですか」

見城は「安倍支持」を隠さないし、安倍を援護射撃するような本を幻冬舎から出すことへの言い訳もしない。「安倍さん以外、今の日本で総理にふさわしい人物はいないし、僕個人としても、安倍さんが総理をやるべきだと思っている。ただし、幻冬舎では、安倍政権を支持しない人の本も出している。個人としての考えを社員に押し付けることはしたくない」と言う。

この流れならおそらく『殉愛』についても話すだろうと思った私は、「もう一冊の本、『殉愛』についても伺いたい」と切り出した。彼の眉がぴくりと動いたが、拒むような反応はなかった。最後の質問はこうだった。今から振り返っても、ノンフィクションであるとするならば、当時の段階でせめて元マネジャーに対する取材は必須だったのではないか。

見城はまず「『殉愛』は書き方で踏み込み過ぎた」ことは認めた。高部によれば、元マネジャーへの取材は必須ではあったが、対立関係にあり正当な取材ができるような環境ではなかったという。彼らは出版前に弁護士とも事前に協議を重ねていた。その時点で出版前には名誉毀損の可能性も指摘されていた。それでも出版に踏み切ったのは、百田尚樹という作家の作品だったからだ。

「訴訟になっても百田尚樹がうちに書いてくれた作品だから最後まで守る、が結論だ」

だからといって、取材不足で人を不用意に傷つけることは肯定できない。そう思って口を開きかけると、見城はこちらの意図を察したように言葉を重ねてきた。

「名誉毀損については申し訳なかったが、出すべきだと判断したということです。これ以上言うことはない。僕は作家の側に立つ。危険だからやめようと言うことはできた。でも、作家が熱を込めて書いたもの。うちのために書いてくれたのだから訴訟に負けても、作家の側に立つという決断をした」

犬はほえる、がキャラヴァンは進む——。有名なことわざになぞらえれば、見城の心境はこんなところだろう。周囲は周囲であり、批判をしたければすればいいと割り切っている。経営のリアリズムからすれば、売れる作家の売れる本に邁進するのは当然の帰結だ。その上で、ここが重要なのだが、見城にとってはイデオロギーうんぬんよりも、「稀代の小説家・百田尚樹」と売れる本を作れる喜びこそが根源にある。

とはいえ、作家を守る上でもやはり元マネジャーにせめて取材依頼は出すべきだったし、「やましいこと」がないことを証明するためにも、修正箇所の正誤表は必要なのだ。私と見城で考えが異なる点は多々あったが、一方で、見城の言葉は百田尚樹現象を読み解くヒントになっている。

ここでも、キーワードは「面白い」と「売れる」だ。補助線にもう一つのデータを出そう。前述した「DB Watch」で『日本国紀』の併買データを見ると、同書とほぼ同じ時期に出版されて全く同じ価格の、スウェーデンの公衆衛生学者ハンス・ロスリングらによる『FACTFULNESS』（日経BP社、19年）が上位にランクインしている。世界をより良くするために、思い込みから考えるのではなく、ファクトを虚心坦懐に見る力を養おうという一冊である。

一つだけ具体例をあげよう。公衆衛生学者の著者らは、「世界の人口のうち、極度の貧困にある人の割合は、過去20年でどう変わったでしょう？」と問う。いかにもグローバル化で格差が広がり、ずっと増えたようなイメージがあるが、ファクトから見える実像は全く違っていて、「約半分になった」が正解であることが示される。安直なイメージやストーリーに振り回されるのではなく、ファクトを忠実に見ていく習慣＝ファクトフルネスを実践せよと説き、「フェイクニュース」やインターネット上でのデマが問題視された時代に歓迎され、世界的なベストセラーとなった。

もう一つ目立っているのが真藤順丈の直木賞受賞作『宝島』（講談社、18年）だ。彼の沖縄へのまなざしは百田や右派のそれとは対照的だ。簡単にあらすじをさらうだけで、それは理解できるだろう。

小説の舞台は「鉄の暴風」が吹き荒れた凄惨な沖縄戦直後から始まった米軍統治時代、1952年の沖縄だ。主人公は今日を、明日を生きるために米軍基地に忍び込み、基地から物資を奪う「戦果アギヤー」と呼ばれる集団である。

伝説と呼ばれ、みんなの英雄だったのが、沖縄戦を生き延びた孤児たち4人組グループのリーダーだったオンちゃんだ。基地から奪った薬を住民たちの手に渡らせ命を守り、盗み出した木材は小学校になった。

極東最大の軍事基地「キャンプ・カデナ」に忍び込んだ夜、米軍に追われたオンちゃんは突如として失踪してしまった。残された3人――親友のグスクは警官に、弟のレイはアンダーグラウンドを転々とする危険人物に、オンちゃんに好意を寄せていたヤマコは教員として社会運動にも深く関わりながら戦後の歴史を生きる。

瀬長亀次郎（米軍への抵抗運動で知られる戦後沖縄を代表する政治家）、コザ騒動（1970年にコザ、今の沖縄市中心部で起きた数千人の市民による米軍車両焼き討ち事件）など実在の人物、歴史的事実と主人公たちの活躍をエンターテインメント小説として描く。直木賞受賞が決まった翌日、真藤は私の取材にこんなことを語っている。

「彼ら（＝登場人物）は過去にとてつもない体験をしながら、もともと自分たちのものであった資源や土地を、奪われたものを奪い返すために、無謀に走りつづける。そこにはしなやかさや荒々しさ、抑圧への抵抗、困難を越えていく生命力、タフさや人間臭さ、それから生きて還ってきて宴会をするという若気のきらめきがあふれている。

そういったところに僕が思い描く青春の輝きがつまっていた。彼らの存在は、表の歴史、教科書や歴史書からはこぼれ落ちてしまうものです。真正面から取り上げられることは考えにくい。でも小説はそうした正史や、史実の羅列からこぼれ落ちてしまう人たちの物語を伝えることができる。僕はそれこそが小説の仕事だと思っています」

これをどう読み解くか。『ＦＡＣＴＦＵＬＮＥＳＳ』を活用し、百田本を批判したいという気持ちで買っている人は残念ながら少ないだろう。『宝島』を百田の沖縄に関する発言への対抗として買ったという人も少数だろう。データから示唆されるのは『日本国紀』は売れているから、話題になっているから買ってみよう」という層が一定数いること、そして百田は「強いファン層」だけでなく、こうした「ふわっとした購買層」までリーチしていることである。

　この日、見城は堂々と「正論」を語った。

「通史が小説のように面白く読めたら、それは売れるでしょう。『面白い』は大事に決まっているじゃないか。これがダメだって言うなら、批判する側が、批判するだけでなく通史を書いたらいい。それぞれの歴史観を打ち出せばよくて、後は読者が評価する」

　見城と百田を強固に結びつけているのは、右派的イデオロギーの共有ではない。「面白いもの」を大衆＝マスに届けようとする意志である。彼らはどこまでも買ってくれる読者を信じている。

第三章　敵を知れ

1

百田は『日本国紀』を記した理由に、「自虐史観」「自虐思想」の存在をあげている。曰く、右派論客として知られるケント・ギルバートとの対談で「アメリカの歴史教育を受けると、アメリカのことが本当に好きになりますよ」（『いい加減に目を覚まさんかい、日本人！』祥伝社、17年）と聞いた時に、これがあるべき歴史教育の姿だと思った、と。「負の歴史」は後でいい。まずは日本人に生まれたことを誇りに思う教育が大事である。ところが日本の歴史教育は国を愛せない人間にさせるような教育で、歴史教科書はひどいものになっており、メディアもまた自虐史観に囚われている。これでは、日本を誇りに思う歴史を知ることはできない。ならば、自分で書こう――。こうして、執筆に取り掛かったのが『日本国紀』だった。

根底にあるのは、「自虐史観」の克服だったことがわかる言葉だ。

百田への賛否を分かつ明らかな境界線は、まさにこうした百田の歴史観にある。「客観的に見れば『南京大虐殺はなかった』と考えるのが極めて自然」という考えも、多くの歴史学者からすれば「また出てきた歴史修正主義の一つ」といった受け取り方にしかならない。確かに、学術的な議論に関しては、すでに決着はついている。百田史観の根幹について、代表的な事例のみを最新の歴史学の成果から検証する。

百田史観の中でも、百田が幾度も強調し、見城が『日本国紀』の「ハイライト」と豪語したのが、ウォー・ギルト・インフォメーション・プログラム（WGIP）をめぐる記述だ。最新の歴史学と百田史観を比較してみよう。WGIPはGHQの情報政策で、右派論壇の中では「第二次大戦について、日本人に罪悪感を持たせるための洗脳工作」といった趣旨で使われることが多い。

百田も右派論壇の「定説」を踏まえている。加えて、WGIPは戦前教育を受けてきた世代が多数を占めていた1960年前後までは効力を発揮しなかったが、戦後教育を受けた世代の間で「時限爆弾」のようにじわじわと浸透していったという「オリジナル」解釈を披露している。戦後すぐに小学校に入学した世代、その後の団塊世代はWGIP洗脳世代であり、彼らは日の丸、君が代、天皇、愛国心などを全否定し、「自虐史観」に囚われ日本国憲法を賛美した。彼らがメディアを牛耳り、「反日」報道をリードしていくというのが百田史観の基本的なストーリーだ。

「占領後は朝日新聞を代表とするマスメディアが、まさしくGHQ洗脳政策の後継者的存在となり、捏造までして日本と日本人を不当に叩いていたのだ」(『日本国紀』)

この手の言説の源流は戦後を代表する文芸評論家・江藤淳にある。江藤が雑誌「諸君!」の連載を軸に記した『閉された言語空間　占領軍の検閲と戦後日本』(文春文庫、94年)がWGIPの嚆矢だ。彼はその本の中でWGIPに「戦争についての罪悪感を日本人の心に植え付けるための宣伝計画」という訳語を与えた。最初の書籍が出たのは平成元年とある。平成の幕開けと同時に出た江藤の論は以降、今の百田に至るまで右派言論界に決定的な影響を与え、多くの論考で「現在の日本人の歴史観はGHQによる洗脳工作によって作られた」論の証拠として当然のように語られる。

右派論壇の中では根強い人気を誇るWGIP論だが、そもそも歴史学者の関心は非常に低く、時に「陰謀論」と呼ばれることさえあるという現実は語られない。保守系の歴史学者として知られる秦郁彦は『陰謀史観』（新潮新書、12年）で大仰な江藤の主張に「果してそんな大それたものだったのか」と疑義を呈しながら、批判的な検証を加えていく。秦が定義する陰謀史観とは「特定の個人ないし組織による秘密謀議で合意された筋書の通りに歴史は進行したし、進行するだろうと信じる見方」である。

2018年、歴史学から一つの成果が示された。『ウォー・ギルト・プログラム GHQ情報教育政策の実像』（法政大学出版局、18年）。名古屋大学特任講師（日本政治外交史）の賀茂道子が5年半にわたって調べ上げた労作だ。学術書ということもあって、貴重な成果が広く認知されているとは言い難いが、WGIPを語る上で外すことができない最重要研究である。

私は賀茂に会うために名古屋大学まで向かった。東京駅から乗った新幹線の道中で、賀茂と江藤の本をあらためて読み比べ、質問事項を整理していた。そこで感じたのは、史料の当たり方、検証の度合いの歴然とした差である。江藤は限られた文書をもとに、自分の「論」を展開することに執着する。逆に賀茂は可能な限り史料を集め、相互に読み解きながら、言葉に定義を与え、全体像に迫っていく。彼女は私の取材にこう話す。

「90年代に『自虐史観』という言葉が広がってから、WGIPも広がるようになりました。ですが、占領期の多くの史料を見るとそもそもWGIPという言葉は、GHQの一文書にしか使われていないものです」

右派論壇の中でおなじみのWGIPという言葉自体、実はGHQ内部で積極的に使われたものではなかったというのは驚きである。歴史学では、一つの史料だけに依拠せずさまざまな史料を突き合わせて、矛盾はないか、正当な記述と言えるかどうかを徹底的に検証する。イデオロギーではなく、実証的に歴史を捉えるためのプロセスだ。

賀茂への取材でわかったのは、右派が「洗脳説」の根拠とする文書は1948年2月に出されたもので、日本人に東條英機を賛美する動きがあることを理由に「新たな施策を行うべきだ」という勧告にすぎないものだった。さらに、彼女が解き明かした最も重要なポイントは「勧告に沿った施策は大半が実行されなかった」ことだ。

実行していない政策の影響力というのは評価のしようがない。当時、GHQの担当者たちが重視していたことの一つが、日本軍による連合軍の捕虜虐待や、フィリピン・マニラで行った虐殺行為を知らせることだった。「日本人は戦時のルールを逸脱する卑怯な戦争をした。GHQはそれを周知させようとしていた」と賀茂は言う。彼らが情報政策に力を入れていたのは、終戦直後の1945年10月から46年にかけてだった。

一橋大学教授の中野聡は自身のホームページで、民間人の犠牲者総数10万人に達したというマニラ戦について、後でも検証する南京事件と比較しながら論じている。

「マニラ戦は、民間人を大量虐殺するなどの日本軍による戦争犯罪の舞台となり、それが極東国際軍事裁判をはじめとする戦犯裁判で断罪された点で南京事件（1937年）と共通点がある。南京事件では松井石根陸軍大将が東京裁判で死刑を宣告され（1948年12月執行）、マニラ戦では山下奉文陸軍大将が米軍事法廷マニラ裁判で死刑を宣告された（1946年2月執行。振武集団司令官の横山静雄中将も死刑を宣告されたが減刑されて後に出所した）。

南京事件は長年にわたって『まぼろし』説や虐殺の犠牲者数あるいはアイリス・チャン（Iris Chang）の『南京大虐殺（Rape of Nanking）』（1997年）の評価などをめぐって論争が絶えず、日中『歴史問題』摩擦の火種としても注目を浴び続けている。それゆえに事件は広くその存在が知られている。

これに対してマニラ戦は、『まぼろし』説も語られない代わりに、その記憶は国際社会とりわけ日本社会において完全に忘却されてしまった。しかし、かつてマニラ戦は太平洋戦争における日本軍の戦争犯罪の頂点として、南京事件とならんで糾弾された事件だったのである」

歴史の中で、忘れ去られたマニラでの虐殺行為を誰よりも重視していたのは、「平成の天皇」、今の上皇だろう。16年1月26日、フィリピン出発時に発表した「おことば」で明確に触れている。

「フィリピンでは、先の戦争において、フィリピン人、米国人、日本人の多くの命が失われました。中でもマニラの市街戦においては、膨大な数に及ぶ無辜のフィリピン市民が犠牲になりました。私どもはこのことを常に心に置き、この度の訪問を果たしていきたいと思っています。

旅の終わりには、ルソン島東部のカリラヤの地で、フィリピン各地で戦没した私どもの同胞の霊を弔う碑に詣でます」（宮内庁ホームページより）

仮に狙った通りGHQによる「洗脳」が成功していれば、そして百田史観が正しければ、戦後教育を受けた世代以降で、マニラで起きたこと、捕虜虐待が語り継がれているはずだが、戦中の日本国内に捕虜収容所が約130カ所も存在していたことすら今の日本で知られているとは言えない。それどころか、マニラで何が起きていたかを知っているという人は超少数派だろう。

日本軍が「戦時のルールを逸脱していた」という論点で語られる記事や番組がどれだけあるだろうか。「WGIP洗脳説」は百歩譲って「物語」としては面白いのかもしれないが、歴史的な事実と断じるにはあまりに根拠が薄過ぎることがわかるだろう。

南京事件（1937年）についても同様である。百田がいわゆる「南京大虐殺」まぼろし論に最初に触れたのは、松本修との雑談の中だった。松本はこう証言する。

「正確な時期は忘れましたが、いつものように雑談をしていた中で、僕が元日本軍兵士が書いた南京大虐殺はなかったという話を紹介したんです。他意はなく『最近、こんな話読んだんや。おもろかったで』といった感じで話しました」

今でも百田はインタビューに対し、「一部の兵士による殺人はあったかもしれないが、組織的な命令で行った虐殺行為はない」と語っている。より正確に再現しよう。私の質問は、「南京事件が『なかった』と書く時、それは犠牲者の数の問題なのか。あるいは、本当に何もなかったと言っているのか。どちらなのか」だった。百田は少し間を置いて答えた。

「これは難しい。何人が大虐殺なのかという問題はありますよね。殺人事件は今も起きています。戦争状態の南京で、兵士などによる殺人などの犯罪行為が一切なかったということもありえない。平時より犯罪率はアップするでしょう。しかし、軍の命令による組織だった虐殺と、一部の兵士の犯罪行為を一緒にしてはいけない。日本軍は中国のあらゆる都市を占領しましたが、南京以外の虐殺事件は聞いたことがないです」

私はインタビューの中で、百田自身の自己認識についても聞いている。南京事件の否定論などは「歴史修正主義」と呼ばれてもおかしくないものだが、百田尚樹は「歴史修正主義者」であると思うか、と。

「僕は歴史修正主義者でもなんでもありませんよ。それまで事実を捻じ曲げてきたことが歴史修正であり、私は『日本国紀』で普通の歴史的事実を書いています。南京大虐殺があった、日本軍の強制による従軍慰安婦がいた、というほうが『歴史修正』だと思いますよ。それらに物的証拠、史料的証拠はありますか？
ホロコーストにはおびただしい量の証拠がありますし、被害者の証言もたくさんありますよね。私が知っている限り、日本が中国にともに研究しようと言っても、中国は拒否しているはずです」

歴史学のスタンダードな考え方、現在の成果を踏まえておこう。南京事件は右派と左派との間で激しい論争が起きている、という理解は正しくない。『「日中歴史共同研究」報告書　第2巻』（勉誠出版、14年）という史料がある。インタビュー時に百田にも現物を確認してもらった。

これは06年、当時の首相だった安倍と中国の胡錦濤《フーチンタオ》国家主席の間で、意見が一致し始まったものだ。近現代史も研究対象に含め、日中の歴史研究者による共同研究プロジェクトが立ち上がった。彼らは２００６年12月〜２００８年5月にかけて計６回の会合を開いたほか、委員同士の個別会合や現地視察なども取り入れ、研究を重ねていった成果が報告書という形で発表されている。

左派的な学者ばかりを集めた研究、という指摘も全く当たらない。日本側の座長は安倍ブレーンの一人、北岡伸一である。この報告書では「南京攻略と南京虐殺事件」という項目が設けられ、中国側だけでなく、日本側の研究者も「日本軍による捕虜、敗残兵、便衣兵、及び一部の市民に対して集団的、個別的な虐殺事件が発生し、強姦、略奪や放火も頻発した」と記述している。さらに当時の報道体制についても触れ、「日本軍による暴行は、外国のメディアによって報道されるとともに、南京国際安全区委員会の日本大使館に対する抗議を通して外務省にもたらされ、さらに陸軍中央部にも伝えられていた」という記述もあった。

しばしば、議論になる犠牲者数も報告書では「日本側の研究では二十万人を上限として、四万人、二万人など様々な推計がなされている。このように犠牲者数に諸説がある背景には、『虐殺』（不法殺害）の定義、対象とする地域・期間、埋葬記録、人口統計など資料に対する検証の相違が存在している」という表現でまとめた。百田自身は、インタビューでここに挙げられた数字を読みながら、「根拠がない」と一蹴していたが、本当に根拠がないものだろうか。

百田にとって最も重要なのは史実的な「正しさ」ではない。百田が繰り返したのは、

「正しい歴史」を書いたのではなく、自分の視点で「面白い歴史」を「物語」として書いたということだった。彼にとって、大事なのは「面白い」ことであり、それは専門家からすれば時に突飛な解釈や語り口にこそ現れる。プロの歴史家とは、基本となる考え方そのものが違う。批判がすれ違う理由がここにある。

いみじくも百田はこう語った。

「僕は反権威主義ですねぇ。一番の権威？　朝日新聞やね。だって一日に数百万部単位で発行されているんですよ。僕の部数や影響力なんてたかが知れている。そこに連なっている知識人とか文化人も含めた朝日的なものが最大の権威だと思う」

百田史観の売りは、読み物としての「面白さ」と、反朝日、反中韓というスタイルにある。スタイルは誰が共感し、どこで響いているのか。鍵はインターネットにある。

第四章　憤りの申し子

1

百田には「ごく普通の感覚」があると書いた。取材でキーワードとして浮かび上がってきたのも、百田は「普通の人」に刺さる文章が書ける、言葉を発するというものだった。

ここに、現代日本における「ごく普通の人」を指し示すデータがある。インターネット世論を研究する立教大学教授の木村忠正（ネットワーク社会論）が2016年7月と8月に16〜70歳の男女1100人を対象に行ったウェブアンケート調査で、第二次大戦についての歴史認識を尋ねた。ここで思い掛けない傾向が浮かび上がった。

質問は（1）「第二次大戦における日本の行為は常に反省する必要がある」（2）「孫

の世代、ひ孫の世代が、謝罪を続ける必要はない」（3）「いつまでも謝罪を求める国は行き過ぎだ」――（詳細は木村『ハイブリッド・エスノグラフィー　NC研究の質的方法と実践』新曜社、18年）。

木村は回答者を保守的志向層とリベラル的志向層に分類し、比較した。（1）は想定どおり、保守とリベラルで明確に差が出た。保守層は58・7％が反省の必要があると答えたのに対し、リベラル層は70・2％に達した。政治的な志向性に関係なく概ね6割から7割は過去の戦争については反省すべき点があると考えているということだ。ところが、である。

（2）は保守層76・2％に対し、リベラル層は78・3％が謝罪を続ける必要がない、と答えている。（3）では保守層の78・9％に対し、リベラル層は81・4％が行き過ぎと答えた。この事実は極めて重要だ。右派言論があれだけ日本を支配していると批判してきた「自虐史観」は、どこかにいってしまい、データからは政治的スタンスに関係なく、中韓から求められる謝罪に「ごく普通の人＝8割」が反発する図式が浮かび上がる。ここに百田現象を解き明かす鍵がある。

こうした反発はインターネット上の空気とも関連している。それを示唆する調査もある。日本最大のニュースサイト、ヤフーニュースのコメント欄に書き込まれたデータを、ヤフーからの提供を受けて木村が分析した。そこで見えてきたのは、書き込みの強い動機に（1）韓国、中国に対する憤り（2）少数派が優遇されることへの憤り（3）反マスコミという感情、があるということだ。

木村はこれに「非マイノリティポリティクス」というキーワードを与えている。本来、数の上ではマジョリティーなのに、マジョリティーとしての利益を得ていると実感できない人々が声を上げる。これがネット世論をめぐる政治だ。リベラルが標榜してきた社会的弱者やマイノリティーの権利擁護、さらに中韓についても「なぜ自分たちより『彼ら』が優遇されるのか」という怒りの書き込みが渦巻く。

この研究によれば、ヤフーニュースの利用率は木村が調査した全年代平均で72・5%、特に30代後半から40代（木村の分類では36歳〜50歳）の利用率は78・2%と高くなっている。さらに注目すべきはコメント欄の閲覧率と書き込み率だ。

ヤフーニュースについているコメントまで閲覧しているのは、利用者全体の平均57・5%で、書き込みまでしている層は実に15・3%に達する。コメント欄に目を通し、書き込んでいるのは若年層に限った話ではない。高齢層（51歳〜69歳）も概ね平均的な値に収まっている。

幅広い世代が接触し、コメントまで読み、書き込むネット空間がヤフーニュースであると言える。そこでどんなコメントが書き込まれ、そして読まれているのか。韓国に関連するニュースから抜粋してみよう。閲覧時点で2万を超えるコメントがついていた韓国・中央日報日本版のニュースである（19年8月5日電子版に配信「文在寅大統領『南北平和経済の実現時は一気に日本経済に追いつく』」）。

「世界の問題児と手を繋ぐなんて孤立への第一歩です。是非、実現してください。来年のオリンピック（注：東京五輪）の共同ボイコットを実施してくれれば、間違いなく世界へのアピールになります」

「日本に近寄らないよう距離を置いてください。韓国人にはビザの復活が必要です。短期のみでお願いします」

「我が国とは金輪際関わらないでください」

ここに挙げたような、百田のツイッターにも通じる気軽な排外主義的言説が並んでいる。決して少なくない数の利用者が閲覧する空間において、これまでならば表に出すことをためらわれるような言葉が並ぶ。新聞社や出版社が使ったら、当然のように批判を浴びる言葉が、最大で月間150億PVを誇るニュースサイトのコメント欄に、公然と上位に残り続けている。これは一部の過激なネット世論だとは言えないだろう。

実社会の世論調査でも、中国に親しみを感じないと答えた人は76・4%、韓国に親しみを感じないは58%と多数派を形成する（18年度内閣府「外交に関する世論調査」）。これをサッカーの日韓ワールドカップに沸いた02年度と比較する。親しみを感じない層は、中国で49・1%、韓国では40・5%だった。アップダウンはあるにせよ、増加しているのだ。

もう一つ、最新の研究を押さえておこう。近年、「ネット右翼」研究の中で、「オンライン排外主義者」という考え方が注目されている。『ネット右翼とは何か』（青弓社、19年）で8万人規模のネット調査でネット右翼層を分析した永吉希久子は、このような定義を試みる（「ネット右翼とは誰か」）。

これまでの先行研究を踏まえ、ネット右翼を「①中国・韓国への否定的態度②保守的政治志向の強さ③政治・社会問題に関するネット上での意見発信や議論への参加経験」という3条件で定義する。オンライン排外主義者とは、このうち②の志向が弱い層を指す。ネット右翼が保守を自認し、安倍政権に好感を持つのに対し、オンライン排外主義者は保守とリベラルの中間に位置づける傾向があり、政権と距離を置く。

永吉は8万人の調査から「程度の差こそあれ、反中・反韓の空気は社会全体に広がっているといえる。排外主義は保守にとどまらない層に広がっていて、そこからオンライン排外主義者が生まれていると考えられる」と指摘する。

これまで、ネット内のコメントは一部の過激な人たち、ネトウヨが書き込んでおり、実際の世論とは懸け離れていると考えられてきた。しかし、木村や永吉が実証的に提示するのは、ネット世論と世論が文字どおりの意味で共鳴するテーマがある、という新しい考えだ。それが「韓国」と「中国」である。

松本によれば、『探偵！ナイトスクープ』の企画会議でも「20年ほど前（注：取材は2020年1月）から、反中国、反韓国的な見解を語っていた」という。側から見れば眉をしかめるような言葉も、本人の感覚からすれば、日常的に語っていたことの延長にすぎない。

百田の言葉、特にツイッターの言動はこれまでなら「言論人」として終わりと見なされるものだった。「韓国という国はクズ中のクズです！　もちろん国民も！」というツイートは、ヘイトスピーチと批判されてもおかしくないどころか、批判は当然のことだが、一方でそれなりの数の賞賛もあるというのが、この社会の現実だ。

百田はインタビューの中で、しばしば「一市民」という言葉を好んで使う。2020年3月に取材した時も「僕は単なる一市民やから。一市民として、自分の感じることはツイッターとか、いろんなところで、制約なく言うていく。それだけの話です」と語っている。一市民として、言いたいことを言っているだけであり、それの何が問題なのかと百田は思っている。だからこそ、こう断言するのだ。

「そもそも僕はヘイトスピーチはしていません」

百田の主張をさらに聞いてみよう。

「僕は（前述のツイートは）ギリギリセーフだと思っています。ツイッターのアカウントが停止になったこともありません。これは文脈を踏まえればわかるのですが、厳密に言えば確かに一文抜けているんですね。大前提にあるのは、文在寅政権が日本に対して、めちゃくちゃなことを言っていることです。この政権は韓国の国民が正当な選挙をもって、選んでいるわけです。なので、政権を選んだ国民もクズということです」

映画化もされた百田の小説『ボックス！』（講談社文庫）の後書きには、小説の舞台でもある大阪朝鮮高校の先生たちへの謝辞がある。そもそも、この小説の中では、朝鮮高校は純粋にライバルとして描かれ、彼らに対する誤解を解くようなセリフもある。主人公が通う高校で、ボクシング部の顧問になった高津耀子は、朝鮮高校ボクシング部の金監督とこんな会話を交わす。


《「何でも主体《チュチェ》思想と反日教育の授業もあるとか――。ごめんなさい、私、政治的な話をしてますか？」

「いえいえ、いいですよ」

金監督は笑った。

「でも、反日教育なんてしていませんよ。朝日親善は大事なことですから。それにチュチェ思想の授業なんかはありません。実は大阪朝鮮高級学校の生徒の半分は韓国籍なんですよ」

耀子は驚いた。》

大阪には在日コリアンも多く住んでいる。百田が取材した関係者の中にはこうした描写が嬉しかったという人もいるだろう。一方で、前述したツイートをヘイトスピーチと感じ、悲しむ人もいるのではないか。そんな質問を投げかけた。

「いるかもしれないですけど、仕方ないです。ひどい国ですからね。僕は民主党政権が誕生した時も、自分も含めて『国民はバカ』だと書いています。僕も日本国民ですから。僕だけ賢いなんて言いませんよ」

第一章で読者が百田のことを「えっこんなことを言っても大丈夫なのというようなことも、人目を気にせずに語っている。そこが、スカッとして気持ちがいい」と評していた。その「気持ち良さ」とは何か。百田がリベラル派からみれば問題発言を続けながら、いまだに多くの読者を獲得し、言動で心を摑んでいる。

ここまでの取材を踏まえると、こんな仮説が浮かび上がる。愛する日本を批判する中国と韓国への「怒り」を爆発させ、朝日新聞という「反日」の大マスコミを批判する言葉、そして「朝日新聞」というリベラル派が声高に批判できない――と彼らが思っている――「韓国」という対象を批判していく強い言葉は、ネット上に渦巻く非マイノリティポリティクスと相性が良い。そして、保守層や「ネット右翼」にとどまらない層に届いている。彼はこの点において言えば、憤りの申し子である。
マジョリティーである「ごく普通の人」は多かれ少なかれ、中韓への違和感や疑義を持って、生活している。百田の言葉は「ごく普通の人の潜在的な感覚」の延長線上にあるのだ。

2

百田尚樹とは「ごく普通の感覚にアプローチする術を感覚的に知る人」であり、百田現象とは「ごく普通の人」の心情を熟知したベストセラー作家と、「反権威主義」的な右派言説が結び付き、「ごく普通の人」の間で人気を獲得したものだというのが、第一部の結論である。「ごく普通の人」は大きな声を上げることがないから、目立つことはない。だが確実にこの社会に存在している。

『虎ノ門ニュース』の裏の目玉は、休憩と番組終了後に開かれるサイン会である。平成から令和への改元前後の10連休には、家族連れやカップル、旅行客など100人を超える人たちが百田の著作を手に列をなしていた。親子4人で別々の百田本を大切そうに持ち、並ぶ一家もいた。

印象的だったのは、スタッフだけでなく、彼らの中からも自発的に「歩行者の迷惑にならないように通路は空けて並びましょう」「点字ブロックの上に立つのはやめよう」といった声が上がったことだ。最初は乱れていた列も、自発的な呼びかけで奇麗に整理されていった。

百田は読者が「元気になる物語」を生み出したいという。「論客ではなく小説家」こそが、自分のアイデンティティだと何度も強調していた。その言葉に嘘はない。

「小説家は読者に生きる勇気と希望を与えるものだと思います。みんな生活は大変で、辛いこともある。仕事だって娯楽じゃない。家に帰って、ご飯を食べ、お風呂に入る。余暇の時間はごくわずか。そこで、わざわざ給料からお金を出して、百田の本を読む。読み終えて『あぁ、おもろかった。明日も頑張ろう』という物語を書きたいです」

百田が想定している読者は、『ナイトスクープ』で意識的にアプローチしてきた「お茶の間に集う老若男女」であり、言い換えれば「ごく普通の日本人」である。彼らが楽しく、元気になれる本が百田の小説であり、その延長線上にある『日本国紀』

なのだろう。「自国礼賛である」という批判は、反対する側を納得させることはできても、百田の読者からすれば「それの何がいけないのか？」という疑問へと転換され、かみ合わないまま空転していく。

リベラル派の多くは百田が『永遠の0』について、「特攻を賛美する気はない」「反戦的な作品だ」といくら語っても信じない。彼がツイッターで右派的な言動を振りまいていて、それと矛盾していると考えているからだ。右派的イデオロギーの持ち主ならば、特攻や先の戦争を賛美して当然だと思うだろう。だが、そこが間違っている。本当に読者を考えて、元気になる物語、感動する物語を届けているのだ。

百田は発言も含めて、自分の感情や感動にとても正直な人物だと私は感じた。百田は真剣に読者に感動を届けたいと願い、事実、彼は読者の感情を揺さぶり、見事に感動させることに成功している。「ごく普通の人」が抱いている感情にふさわしい言葉を理解し、読者が望む言葉を使うことができるのだろう。その素直さがむき出しのまま現れているのが、彼のツイッターである。

百田は自身を「トリックスター」と評した一文がことのほか気に入っていると話してくれたことがある。私の頭によぎったのはシェークスピアの戯曲『夏の夜の夢』で舞台をかき回す元祖トリックスター、妖精パックのセリフだった。小田島雄志の訳から引用する。

「われら役者は影法師、皆様がたのお目がもしお気に召さずばただ夢を見たと思ってお許しを。つたない芝居でありますが、夢にすぎないものですが、皆様がたが大目に見、おとがめなくば身のはげみ。私パックは正直者、さいわいにして皆様のお叱りなくば私もはげみますゆえ、皆様も見ていてやってくださいまし」（シェイクスピア全集『夏の夜の夢』小田島雄志訳、白水社、83年）

彼の自己認識はこれに近いのではないか。読者の支持がなくなればそれで終わり。自分の思惑とは関係なく、彼の影響力を利用したいと思う政治勢力に自覚なきまま、利用されるリスクもあるだろうがそんなことは関係ない。物議を醸す発言も自分が思うことを言っているだけで、自分の考えに染めてやろうとは思っていない――。

百田は「無自覚」であり、「自分＝個」であることにこだわるが、彼が自由に発した、と思っている言葉は想像以上に影響力を持つ。批判も肯定も含めて周囲はそれを許さない。可視化されているツイッターのフォロワーも、彼の発言を詳細に追いかけるメディアも百田らしい一言を期待している。彼の無自覚な言葉と行動は、拡散とともに時に誰かを傷つける暴力に転化する。それ自体を「無自覚の悪」とも呼べるが、それは百田だけが悪いことを意味しない。影響力への自覚がないままに繰り返される発言を支えているのは、「ごく普通の人々」の感情だからだ。

百田尚樹現象は、こうした「感情」の噴出に過ぎない。

第五章　破壊の源流

1

リベラルな政治志向を持つ人たちからすれば、これまで私が書いてきたことは「差別主義者、排外主義者に発言の場を与えたもの」になるだろう。だが、そうした言説の背景にあるもの、異なる価値観を緩やかにでも支える存在を軽視すれば、あちら側に「見えない」世界が広がるだけだ。

これまで指摘したように排外的な空気は「ごく普通の人々」の間にも広がっている。

ニューヨークでトランプ大統領誕生の瞬間を目撃した記者にこんな話を聞いたことがある。東海岸と西海岸の都市部に主な拠点を置くリベラル系のメディアは、トランプを暴言王、差別主義者と批判し、大統領に当選するはずがないと高を括っていた。

ところが、両岸に挟まれた「真ん中のアメリカ」は、「本音をぶちまけ、憤りを代弁する」スタイルのトランプに票を入れた。ところが票を入れた人々は決して、差別主義者ばかりというわけではなかった。よくよく話を聞いてみると、イデオロギー以上に「スタイル」に惹かれたと話し始める人が決して少なくなかった。

ここには確実に、今の社会に渦巻く憤りを持った人間の反応がある。数の上では少数派であるリベラルエリートたちは、彼らの怒りの根深さと、その広がりを捉え切れていなかった。日本でも同じことが起きているのではないか。リベラルが「百田尚樹」を声高に批判しているその裏で、「ごく普通の人たちの憤り」が水面下で根を張りつつある。「敵」か「味方」かが第一に問われるようになる時、分断は加速する。二極化の先にあるのは、先鋭化した怒りのぶつけ合いだ。このままいけば、問題はこれからも残り続ける。私が「現象」にこそ着目すべきだと考えるのは、なぜか。このスタイルそのものは、決して百田のオリジナルではない。共通の土壌から生まれ、少しずつ変化し、現在に至ったものだ。その土壌とは何か。

「南京事件の否定論もＷＧＩＰも90年代に『新しい歴史教科書をつくる会』ができて以降、彼らはずっと言い続けてきました。敵も明確に定めていた。中国と韓国、そして朝日新聞です」

2

２０１９年4月、大阪市内のホテルで倉橋耕平はこんな分析を披露してくれた。倉橋は主著に『歴史修正主義とサブカルチャー』（青弓社、18年）がある若手社会学者だ。私とほぼ同年代であり「90年代の衝撃」を共有している。中でも代表的なのは、いずれも70万部超のベストセラーにして、いまも毎年増刷されるという小林よしのりの『戦争論』（幻冬舎、98年）、保守派の論客が一人で描いた日本の歴史書として『日本国紀』と比較される西尾幹二の『国民の歴史』（産経新聞社、99年）である。

『戦争論』では、右派的な歴史観がインパクトの強い漫画と共に衝撃的「真実」として描かれ、『国民の歴史』では「物語としての歴史」という価値観が前面に打ち出された。この2冊に、東京大学（当時）の教育学者として、歴史教育改革運動の旗手として、注目を集めた藤岡信勝らが送り出した累計100万部超のベストセラー『教科書が教えない歴史』シリーズ（産経新聞社、96～97年）を加えてもいいだろう。藤岡は西尾、小林を巻き込んで「新しい歴史教科書をつくる会」を組織化した中核メンバーだ。彼らが唱えた「自虐史観」批判と共に、「歴史認識」問題が言論空間の主戦場になっていく。90年代はそんな時代だった。

百田と特に小林、西尾の間につながりを描くことができる。百田は自身のツイッターで、近年の小林を批判しながらも『戦争論』と『いわゆるA級戦犯』は名作だと思う。クリエイターとして尊敬しているし、素晴らしい才能だと思っている」と記している。西尾は『日本国紀』の新聞広告に登場し、推薦のコメントを寄せている。ここで注目すべきは、推薦コメントそのものよりも、《評論家　西尾幹二（『国民の歴史』著者）》というクレジットだ。広告を出す側は『国民の歴史』と『日本国紀』のつながりを明らかに意識している。

倉橋の主張のポイントは、今の右派現象を単に「ビジネス」と見るべきではなく、「アマチュアリズム」と融合して形成されていると指摘している点にある。歴史を語る西尾の専門はドイツ文学、ニーチェ研究をテーマにする哲学であり、小林は漫画家であり、百田は小説家だ。無論、アマチュアというのは、必ずしも悪い意味ではない。

業界のルールや作法に縛られないでできるのが、アマチュアの強みだからだ。プロの歴史学者はアカデミックな手続きを踏んで、実証的かつ客観的に研究しようとする。それに対して百田には、歴史に基づき「面白い物語」を書くという目的がまず先にある。彼にはプロが語る歴史だけが歴史ではない、という思いもある。言い換えれば、作家が通史を書くことが挑戦なのだという意識が根底にある。

彼が強調するアマチュアリズムという言葉は、カウンターカルチャー的なマインドと言い換えていいだろう。私は先に登場した花田、山田といった右派メディア人に共通する心情があると書いたが、百田の姿勢とも共通している。それは、権威＝朝日新聞（リベラル系マスメディア）に対するカウンター意識であり、「反権威主義」だ。彼らから見れば、今の日本の言論空間は学界もメディアも、リベラル共同体に独占されている。そこで、90年代から右派は主戦場を学会や論文ではなく、雑誌や漫画というサブカルチャー的な場に定めた。エンタメ小説を書いてきた百田もこの系譜に連なる。百田も克服の対象、批判の対象としている「自虐史観」という言葉がメジャーなものとして流通したという事実にも注目しておこう。

第二章で挙げたTSUTAYAのデータを見ると、『日本国紀』の主要読者層に40〜50代が含まれている。今の右派言説の原型にある西尾と小林がメディア上で存在感を示していた90年代、彼らは20〜30代の若者だった。学会の実績よりも、メディア上で「ごく普通の人」に言説をいかに届けるかに右派は取り組み、言い続けることで市場を確保してきた。90年代から積み上げられてきた言説は、2000年代に入りインターネットとも結び付き、現在の反権威主義的な右派市場の隆盛へと到達する。90年代を境に、右派はポピュラリティーを獲得し、左派はその言葉に説得力を失っていく。
百田現象の土壌にあるのは、90年代に起きた変化であることは間違いなさそうだ。その主役は明らかにつくる会であり、小林、藤岡、西尾らが変化を起こす役割を担っていた。

3

「『戦争論』以降、言論空間で何が変わったかといったら、左翼本が売れなくなったことじゃない。わしが右方面に新しい市場を作ってしまったということだよね。例えるなら、わしがブルドーザーでばあーっと地ならしして、はい、ここに市場ができましたっていう状態になった。そしたら左のほうの市場は、読者が寄り付かない状態になって、今も右に市場があるでしょう」

小林よしのり

私のインタビューに、小林よしのりはおよそ20年前の出来事をこう振り返った。新刊に、連載にと多忙な日々を送る小林の取材は難しいとあらかじめ伝えられていた。ましてや、彼自身が今は距離を置いている「つくる会」、右派をテーマにしたインタビューである。現在は右派論壇を批判し、距離を置く小林にとっても決して愉快な取材ではないことは想像できた。依頼をしても実現の可能性は低いと思ったが、しかし小林は応じた。

そして、私の取材に自分が右派市場を作り出した一人であること、今に至る変化を生み出したことをはっきりと認めた。やはり、決定的な転換点は私自身が10代を過ごしてきた90年代にこそあったのだ。百田は小林に対して一定の敬意を示す。それは、2020年になっても変わらない。

「特に『戦争論』はすごかった。僕は影響を受けました。今の小林さんは意見が違うことが多いけど、小林さんは僕のことは批判できないと思います。部数が持っている力を彼ほど知っている人はいないからです」

『戦争論』に影響を受け、市場の力を見せつけている百田の存在は小林の目にどう映っているのか。「地ならし」し、市場を作ったと語る小林は、しかし「ネトウヨ」には非常に批判的であり、百田についても「わしが昔やってたことの真似をしてるだけなんだけど（笑）」（小林よしのり、ケネス・ルオフ『天皇論「日米激突」』小学館新書、19年）と手厳しい評価を下している。

小林は私の取材でも、通史を書いた百田を明らかに念頭に置き、「歴史を書くためには相応の勉強が必要であり、本当に難しいことは教科書を作った時にわかった」と語った。

「百田さんにはお世話になっているし、彼はベストセラー作家だし、歴史の専門家ではないから仕方ないと思うんだけどね……」と何度も留保をつけた上で、それでも藤岡信勝はこう語った。

＊

「百田さんは『日本国紀』の中でいわゆる三王朝交代説（注：天皇家の万世一系を否定し、崇神、仁徳、継体の各王朝に分かれ、継体天皇が現代の天皇の始祖であるとする学説。現在の学会では有力視されていないもの）を支持しているかのように書いていますが、これは間違いでしょう。言葉の定義をせずに、ムードで書いている気がします」

藤岡は自虐史観の克服を唱え、「新しい歴史教科書をつくる会」の中心人物として活躍してきた、元東京大学教授だ。

「『日本国紀』はちょっと読んだけど、あまりちゃんとは読んでいないんですよ。推薦？　あぁあれは頼まれたから書いただけです」

＊

つくる会で立ち上げから会長を務めた西尾幹二は、あっさりとした口調で言った。当時の西ドイツに留学し、論壇デビュー作を三島由紀夫が絶賛した保守派の論客である。彼が語気を強めたのは、90年代のベストセラーにして、論争の的になった大著『国民の歴史』と『日本国紀』の名前を並べて質問した時のことだ。より正確を期して言えば、私の問いはこうだった。

「『国民の歴史』と『日本国紀』を並べて、あるいは比較して論じられていますが、西尾さんはそのことをどう思っているんですか？」

質問に対し常に一拍間をおいて、ゆっくりと考えながら話す西尾だが、その質問にだけは間髪入れずに答えた。それも明らかに言葉のテンポを速めて。

「書いた動機が違うんだよ。僕には、僕の人生観や文学観や哲学観があって、そこに教科書問題がぶつかっただけの話であり、『国民の歴史』にはそれが反映されているはずだ」

＊

ここに、もう一つの疑問が生まれる。彼らの言葉は何を意味しているのか。小林は百田を厳しく批判し、百田と付き合いがある藤岡であってもその中身について疑義を呈し、西尾に至っては自身の著作と同じように位置付けるのをやめてほしいという。倉橋の指摘だけを読めば、百田現象とかつての彼らを取り巻く現象、すなわち「つくる会現象」はきれいに連続しているはずであり、彼らは時代の勝者になるはずだ。そして表面的な主張、例えば「自虐史観の克服」だけが目的だとするならば、百田尚樹という後継者を得たことを、彼らはもっと喜ばないといけない。

しかし、かつての時代の主役――リベラル派・左派から見れば悪役――だったつくる会の主要メンバーは、今に連続している「右の新しい市場」＝土壌は開拓したことまでは認めたが、強調していたのは違い、言い換えれば自分たちとの「断絶」だった。

一体なぜ？

彼らが抱えている「断絶」にこそ、百田尚樹が「現象」となる時代を読み解く鍵があるとわかったのは、さらに取材を進めてからだった。「90年代の衝撃」を生み出した「つくる会現象」の主役たちは何に突き動かされていたのか、90年代と2010年代の違いはどこにあるのかを記す必要がある。現代を象徴する百田現象は、現代だけを抜き出して考察していても、理解できないことを小林たちの言葉は指し示している。

百田尚樹現象はいっときの現象ではない。90年代に作られた土壌から出てきたものだが、「現象」の中身は大きく変質している。時代の転換点を作り出した「新しい歴史教科書をつくる会」のディープストーリーを知ることは、2020年代に差し掛かった日本社会が「なぜ、こうなってしまったのか」を解き明かすことにつながる。

私もまた百田現象とつくる会現象の類似点に着目した。表層的な言葉や使う論理の一致点に着目した。だが、一連の取材を終えてそのアプローチは間違っていたことに気づかされた。

百田現象は「新しい現象」である。

　ここまでの流れの中で、謎を解き明かすのに必要なキーワードは出揃っている。「ごく普通の人々」の存在、「90年代の衝撃」、「断絶」だ。彼らの運動は、ベストセラーを連発し、百田以前に「普通の人々」をターゲットとし、「読者」を広げることを明確に意識していた運動だった。攻撃の対象もリベラルメディアを代表する朝日新聞に定め、百田も積極的に使う「自虐史観」というパワーワードを駆使して、攻めていった。彼らは何と戦っていたのか。第二部は、時計の針を巻き戻し90年代、より具体的には1996年に起きた決定機な転機の舞台裏に迫る。

第二部
1996
時代の転換点

「新しい歴史教科書をつくる会」の記者会見(97年)

第一章　「自虐史観」の誕生

1

1996年6月27日――。藤岡信勝があるニュースに注目したことが、すべての始まりだった。元は左派系の学者でありながら、現場の教員とともに「自虐的」な歴史教育の見直しを主張する東京大学教授として、藤岡は右派メディアから一躍注目を集める存在だった。ニュースは97年から使われる中学社会科の歴史教科書すべてに「従軍慰安婦」もしくは「慰安婦」が載ることを伝えていた。この件について、産経新聞からコメント依頼があり、発表前に教科書会社7社の近現代史部分を入手した彼は、教科書を読んで愕然とした。

藤岡の証言――「私は、教科書に従軍慰安婦が載らなければ、従軍慰安婦の問題なんか論じることはなかった。専門の歴史家ではありませんからね。だけど、教科書に載ったとなれば教育学者である私も問題を引き受けないといけない。私は、強制連行が『嘘』であることがわかっていましたから、その嘘が平気で教科書に載るのに、そこに目をつぶって、自分は明治維新の教え方を研究しましょうということばかりやっているのは、偽善的じゃないかと思ったわけです。だから、これは何としても取り組まなきゃいけないと」

藤岡信勝

藤岡は「偽善」ではいけないという思いから動き出し、保守系の論客として地位を築いていた西尾幹二、圧倒的な影響力があった人気漫画家の小林よしのりらを巻き込みながら、この年の年末に結成を宣言する「つくる会」運動に関わっていくことになる。

東京駅・八重洲方面の改札口を出て、10分ほど歩くと赤い文字がひときわ目立つビルが見えてくる。東洋経済新報社である。日本の歴史上屈指のリベラル派論客だった石橋湛山が活躍したことでも知られている、老舗出版社だ。

藤岡は96年3月22日、同社で開かれていた小さな会合に講師として招かれ、ここで「つくる会」会長を務めることになる西尾と邂逅した。より正確にいえば、彼らは1月16日に出会うことは出会っていたが、新年会の席であり、話す時間はさほど取れなかった。実質的に、親交を深めていったのは、3月22日以降になる。

96年から2000年代前半にかけて激論が交わされた歴史認識論争の中心にいたのは、間違いなく「つくる会」だったが、最初から「中心」を目指していたという理解は間違っている。彼ら自身も大衆からの熱気と期待、左派からの強烈な批判の嵐の中で、時に会運営に困惑し、時に責任を感じながら時代の波に飲み込まれていった。自らが「歴史」の証人になるとは思っていなかっただろう。

2

主役の一人は西尾幹二である。1935年生まれ。後につくる会会長に就任する西尾は、当時から大物かつ年長の保守言論人だった。彼はこの日、自身が主催する保守系言論人の勉強会「路《みち》の会」に、もう一人の主役である藤岡信勝を招く。西尾は当時、還暦を超え、2度の大病を患った直後だったが、この出会いは大いに刺激になったという。

そもそも「路の会」は1994年夏に始まり、当時は東洋経済新報社を会場にして月1回、会員もしくは外部ゲストが講演する場だった。西尾曰く「天下大乱が近しという予感と、日本の社会全体が機能不全に陥るのではないかという不安」(『西尾幹二全集　第16巻　沈黙する歴史』国書刊行会、16年)があり、いざという時に備えて、信頼できる言論人同士が情報を交換できるようにという思いで始めた会だった。

藤岡は当時、「時の人」だった。元共産党支持者の左派でありながら考え方を変え、教員グループ「自由主義史観研究会」を立ち上げていた。2人をつないだのは、後に国内最大の保守団体「日本会議」の論客として、安倍政権のブレーンとして有名になる明星大学教授の高橋史朗だ。旧来からの右派論客でありながら、藤岡たちの活動に注目していたという高橋は、藤岡を西尾に紹介し、さらに会員だった「路の会」で藤岡の講演を企画する。

この出会いが意味を持つのは、その約3カ月後、冒頭に記した6月27日のことである。慰安婦問題についての考え方は後述するとして、ここで重要なのは、藤岡が関わる動機となった「偽善」だ。現場の教員と一緒に「近現代史教育」の新しい方法を考える専門家であるという立場を貫くこともできたが、彼はそれを「偽善」だと感じている。教育学者としての立ち居振る舞いと、自身の生き方の問題が動機にあるということが極めて重要だ。

偽善者にならないためにどうしたらいいか。彼は、すぐさま高橋に連絡を取り、「ただ批判するだけでなく、自分たちで歴史教育をなんとかしないといけない、究極的には新しい教科書を作らないといけないのではないか」という思いを伝えた。賛同した高橋も間を空けずに西尾と連絡を取り、会いに行く算段を取り付ける。当時、西尾が勤務していた東京・調布にある電気通信大学近くの飲食店に3人で集まり、そこで藤岡は7社分の教科書に載った近現代史をコピーした冊子を見せた。

「内容のひどさに啞然とした」という西尾も賛同し、もう一人仲間を増やそうと提案する。日本政治思想史研究で名を挙げていた故・坂本多加雄だ。坂本も賛同し、4人で集まる日々が続いた。ある時は東京駅近くのホテルで、ある時は誰かの勤務先近くの喫茶店といった形で会合を重ねた。この集まりが「つくる会」に発展していくのだが、その前に、まずはそもそもの発端となった慰安婦問題について、議論の前提になる部分だけ押さえておく必要がある。

あいちトリエンナーレ（2019年）の企画展「表現の不自由展、その後」では、元従軍慰安婦を象徴する「平和の少女像」などの展示をめぐり、脅迫めいた電話やメールが相次いだ。結果として会期のほとんどで中止になったことからもわかるように、慰安婦問題は過去の話ではなく「リアルタイム」の問題でもあるからだ。

3

慰安婦問題が注目されたのは、1991年のことである。

冷戦が終結し、湾岸戦争が勃発したその年の8月、韓国人の金学順が元慰安婦であると名乗り出て、日本を告発したことを機に、カミングアウトが続き、元慰安婦たちが東京地裁に日本政府の謝罪と補償を求めて提訴した。これを受けて、政府は朝鮮半島出身の従軍慰安婦問題について調査を開始する。

重要なのは、93年に当時官房長官の河野洋平が出した河野談話だ。その前後の政界には激震が走り続けていた。時の宮澤喜一内閣は政治改革＝小選挙区制導入を求める流れを止めることができず、羽田孜（後の総理大臣）ら自民党内の一部が同調する内閣不信任案が可決され、解散総選挙に突入する。

惨敗した自民党は下野することが決まった（注1）。宮澤内閣が総辞職する最後の日に、河野は歴史に名を残す談話を読み上げた。

さしあたり、2つの事実が重要である。

第一に、河野談話は証言をもとに作成されていたが、当時の官憲が物理的暴力によって朝鮮半島出身の女性を連れ出して、慰安所で働かせたという証拠、決定的な文献史料は見つからなかった。右派は、河野談話を確かな証拠がないのに、朝鮮半島で日本軍による強制連行を認めたものとして、激しく批判してきた。藤岡が「強制連行」は嘘だと語っていたが、彼の原点もまた河野談話にある。

第二に河野談話は2020年に至るまで、破棄も修正もされていないことである。策定の過程の不透明さ、右派からの批判が強いのになぜ残っているのか。それは「長期に、かつ広範な地域にわたって慰安所が設置され、数多くの慰安婦が存在したこと

注1　一連の動きは服部龍二（日本外交史）の『外交ドキュメント　歴史認識』（岩波新書、15年）などに倣って、時系列で整理するとわかりやすい。

93年6月18日　内閣不信任案が可決。

7月4日　衆院選公示。

7月7日—9日　東京サミット。

7月18日　衆院選投開票。自民党第1党ながら単独過半数割れ。新生党、細川護熙率いる日本新党、新党さきがけが議席を獲得し、この選挙は新党ブームとともに歴史に名を刻むことになる。

7月22日　宮澤が責任を取り、自民党総裁辞意を表明。自民党主導による連立政権を模索するが交渉は不調に終わる。

7月26日—30日　日本政府調査団がソウルで元慰安婦16人の聞き取り調査を実施する。読売新聞（12年10月8日付朝刊）に掲載された河野の回想録によると条件は「出所や中身を公表しないこと」だった。

7月30日　河野洋平と渡辺美智雄が争った自民党総裁選で、河野洋平が勝利する。この時、出馬の意志がなかった河野に強く出馬を迫ったのは麻生太郎だった。

8月2日　自民党三役が決定。河野自民党の党内人事は難航し、紆余曲折を経て、幹事長に森喜朗、政調会長に橋本龍太郎の起用が決まる。いずれも後の総理大臣である。

8月4日　宮澤内閣の官房長官として河野談話発表。

8月9日　非自民連立政権による細川護熙内閣が発足。河野率いる自民党は野党に転落し、55年体制は終わりを告げた。

が認められた」ことが事実だからだ。

韓国研究を専門とする神戸大学大学院教授の木村幹がこう指摘している（ハフポスト日本版「『強制連行の有無』は今でも重要な論点なのか――従軍慰安婦と河野談話をめぐるABC」14年6月23日最終更新）。

「この談話が当初議論の対象となっていた朝鮮半島から動員された慰安婦のみならず、他の地域から動員された慰安婦をも対象とするものとなっているからである。とりわけこのことは、河野談話が出される段階での最大の焦点であった、慰安婦の動員過程における強制性について、朝鮮半島からの動員についての強制性については元慰安婦自身の証言以外の決定的な文献史料を見つけ出すことが出来なかった一方で、中国や旧オランダ領東インドなど、他地域においては動員過程の強制性が明らかな事例が発見されることにより、決定的な意味をもつこととなった」

例えば、スマラン事件（旧オランダ領東インドで、日本軍が抑留していたオランダ人女性を連行し、売春を強制させた事件）は裁判記録まで残っており、河野談話は、経緯にかかわらず、否定しにくい談話になっていった。

加えてキャロル・グラック（コロンビア大学教授、日本近現代史）が、『戦争の記憶』（講談社現代新書、19年）で語っているように、慰安婦問題をめぐる社会的背景の変化も重なった。元慰安婦たちのカミングアウトが、国際的にどのような問題として受容されたのか。グラックの整理によると、国際的な争点は強制性の有無にはないことがわかる。

「（『慰安婦』問題は）国境を超えて過去における戦争の記憶の一部となり、将来に向けては人権や女性の権利擁護という視点からも語られるようになった」のであり、日韓の国内政治、冷戦の終わり、グローバル化という国際政治の大きなうねりともリンクしていった。

慰安婦問題の争点が「強制」の有無にないのは、今の韓国でも同様だ。

大きな影響力があるとされる元慰安婦たちの支援団体「韓国挺身隊問題対策協議会」（現日本軍性奴隷制問題解決のための正義記憶連帯）らが作った、元慰安婦の生涯を再現するアニメがＹｏｕＴｕｂｅ上で公開されている。英語の字幕付きで、明らかに国際的に見られることを意識したものだ。

彼らは日本軍の「強制連行」を描いているのだろうか。実は、全く描いていない。木村が着目しているように、このアニメのポイントは「反日」的と右派が批判するような元慰安婦の支援団体ですら、日本軍がある日、突然やってきて無理やり連れて行ったという筋書きを採用していないことにある。

「経済的苦境に直面した『少女』が、村長から『千人針工場』に働きに行くと説明されて連れて行かれたのが慰安所だった、という話になっている。つまり、この『少女』は官憲に直接連行されたわけではなく、民間人によって『だまされて』連れて行かれた、という設定」（木村前掲記事）こそが大事であり、狭い意味での強制連行であろうがなかろうが、人権問題として世界に広められている。グラックの指摘と、このアニメの文脈は重なっている。

当時の藤岡らは河野談話が「強制連行」を認めたと主張し、教科書から慰安婦問題の削除を求めていた。ここでいう「強制連行」とは「日本軍が戦地で働く意志がない女性を人さらいのようにして強制的に連行し、慰安婦をさせた方針をとっていた」（自由主義史観研究会「中学教科書から『従軍慰安婦』記述の削除を要求する」、『「近現代史」の授業改革』第5号）というものを指す。

（１）本人に働く意志があり（２）人さらいのように連れて行かなければ、「強制連行問題」は存在しない。河野談話には朝鮮半島出身の元慰安婦の証言以外に「強制」の根拠がなく、よって慰安婦の強制連行はなかったというのが彼らの根本的な主張だ。

逆に中央大学名誉教授の吉見義明らは、日本軍の慰安所制度では居住の自由、外出の自由、自由廃業、拒否がほぼ不可能だったとして、「性奴隷」と呼ぶべきであり、かつ当時の国際法からもしても責任が発生するものだと主張した（例えば『Q&A「慰安婦」・強制・性奴隷　あなたの疑問に答えます』御茶の水書房、14年）。

ここで力を持ったのは、藤岡らが多用した「自虐史観」という言葉だった。これ以上なくシンプルに相手を攻撃することができる言葉として、「政治改革」という言葉と同様に「ごく普通の人々」に広がる言葉として機能した。

4

右派が好んで使い、百田尚樹も含めて現代まで「克服」の対象になっている「自虐史観」は誰が言い始めた言葉なのか？　発明者は簡単にわかりそうだが、しかし、この問題について正確な回答ができる人はそこまで多くない。間違いない事実は、遅くとも80年代には右派論壇で使われていたこと、そして90年代中頃から藤岡信勝が、教科書問題を語る時に、意識的にメディア上で多用し、広めたということだ。その藤岡にしても、自分が発明した言葉でないと語っている。

記事検索システムで遡れるまで遡ると、例えば１９８６年10月号「正論」に「〝自虐史観〟は日本の専売特許　外国教科書にみる歴史の『光』と『陰』」という記事があることがわかる。この論考を書いたのは立教大学名誉教授の別技篤彦だが、実はこの論考内に「自虐史観」という言葉は一切使われていない。

編集部のものと思われるリード文があり、そこには「どの国にも、触れられたくない過去があり、強調したい時代がある。各国の歴史教科書をひもとくと、日本のように自らをいためつける教科書はどこにもない」とある。しかし、このリードはやや勇み足である。論考そのものに日本の教科書の内容についての記述はなく、淡々と各国の事例が紹介されているだけだからだ。

別技は『戦争の教え方』（新潮社、83年）で各国の教科書で戦争がどのように教えられているかを比較している。彼は大前提として、日本は教科書の後進国であるという考え方をとる。ある人は左傾化を嘆き、ある人は右傾化の傾向を教科書から読み解くが、いずれも一部を見ているだけで、根本的な議論とは関係がないと批判している。

では、どこが後進国なのか。別技が強調するのは記述である。日本の教科書は戦争はいけないものだ、という考えが抽象的かつ無味乾燥な記述で書かれているだけで、アメリカの教科書のように「戦争とは何か？　それは政治の産物か？　人間の生れながらの野蛮性の産物か？　それとも人間の愚かさの結果なのか？……」と問いを投げかけ、考えさせる作りにはなっていないという。

彼の研究によれば、外国の教科書一般には国の性格が強く現れている。フランスの教科書は「フランスを中心とした世界史」であり、内容はフランス人の心を傷つけないもので、アルジェリア戦争などにも触れていない。アルジェリアの教科書にフランスの行為を糾弾する記述があったとしても、それは当然のことだと論じている。

フランスは「他国の抗議にあえばあわてて記述を改め、その上、自国の歴史上の『戦争』の諸現象をただ自虐的に描き出そうとする無国籍的な教科書作成のプロセスとはまったく対照的」である。やや皮肉めいた調子で書いている「自虐的」で「無国籍的な教科書」が、日本の歴史教科書を念頭においた表現であることは間違いない。この記述を読み解くために、少しばかり補足が必要だろう。

1982年6月26日、大手マスメディアで「誤報」が伝えられた。当時の文部省が高校の歴史教科書で「侵略」から「進出」に書き換えさせたというものだった。これは事実ではなく、この年の9月になって産経新聞は訂正し、朝日新聞、毎日新聞なども誤報を認めることになるのだが、それは遅すぎた。報道直後から、中国や韓国から強い批判の声が上がった。時の鈴木善幸内閣で官房長官を務めていた宮澤喜一が、政府の責任において教科書検定については周辺諸国との関係には配慮するという内容の談話を発表するに至った。

別技がこうした対応を批判しているのは間違いないが、記述には続きがあり、力点が批判だけにないこともわかる。例えば、彼はドイツとポーランドが共同で委員会を立ち上げ、お互いの教科書を改訂しようとする動きを評価している。

「両国の平和的共存が進行するにつれて、たがいの憎悪をかきたてるような記述をやめたいという願いから出たもの」で、双方で記述を調整している。これが日本の教科書の記述にとっても参考になると書き、「要は教科書に過去の行為を反省する態度、いたずらに過去の事実を自虐的に掘りおこすより、前向きな態度で進む傾向が示されればよいのである」と続ける。

遅れている日本の歴史教科書記述もあらため、主体的に周辺諸国とコミュニケーションを深めること。そして教科書の中身を「未来志向」で調整していくことの重要性を書いており、「自虐的」という言葉に左派を批判する意図はない。

自虐史観の克服は右派だけの課題ではなかった。90年代初頭、自虐史観という言葉を朝日新聞も陥ってはいけない対象として書いていた。「現代史から何を学ぶか」(90年8月12日付朝刊)と題された長いコラムの中で、当時の論説主幹・松山幸雄がはっきりと述べている。

「私としては、生き残った世代も、戦争を知らない世代も、すべてが、次の4点について思いをめぐらせるよう期待したい」とし、(1)「なぜ戦争を始めたのか」(2)「敗戦の原因」(3)「反省不足」(4)「西独との違い」を挙げて、こう続ける。

「こうした『にがい歴史』を反芻するさい心すべきは、日本だけが恥ずかしい過去をもっている、といった『自虐史観』に陥らぬことだ。日本以外の大国の多くも、歴史上いろいろ汚点を残しているのだから。

英仏のかつての植民地支配など、いまなら国連非難決議ものだろう。スペインの中南米侵略、米国の奴隷輸入、ナチスのユダヤ人虐殺……ソ連に至っては周辺諸国に嫌われることばかりやってきた。引け目を感ずることを恐れて『過去を直視しない』のは間違っている」(同)

松山のコラムは日本の歴史を相対化し、かつての大国にも「汚点」があると指摘する後段だけ読めば、およそ「朝日新聞」の論説主幹らしからぬもので、「自虐史観」という言葉のゆらぎを示す。

ここまでの事実関係を整理すると「自虐史観」という言葉のルーツは確かに右派系論壇誌にあるのは間違いないが、松山のようにリベラルメディアでも使う論客はいた。「いわゆる」と書かれているくらいだから、論壇では知られていたのだろうが、その言葉をどのような意味で使うかは人によって振れ幅があった。

それを歴史教科書批判に加えて、「改革すべき対象」という意味で確定させ、意識的に使ったのが藤岡である。

彼は96年1月11日付の産経新聞で「自虐史観・暗黒史観」という言葉を使って左派的であると教科書の歴史観を批判し、自身が提唱する自由主義史観の意義を語っている。藤岡独特の勘が働いたのだろう。取材を受けたり、つくる会の準備に奔走したりする中で自虐史観という言葉が持っている「強さ」を押し出すようになる。

以降、自虐史観の使用頻度を増やしていき、97年9月には『「自虐史観」の病理』（文藝春秋）という著作を出すに至る。百田に連なる「自虐史観」は、ここで意味を確立したとみていい。

攻撃的な言葉は使われるたびに威力を増していく。この前後の産経新聞は藤岡への期待を寄せた論考を多数掲載しているが、自虐史観という言葉は、藤岡への注目と比例して、右派メディア上でもリベラル派、左派を攻撃する言葉としてかつてないほどの広がりを見せていく。

5

96年6月以降、藤岡は高橋、西尾、坂本と少しずつ仲間を広げる中で、ある人物に教えを請いに行っている。97年に立ち上がる「日本会議」事務総長であり右派運動のキーパーソン、椛島《かばしま》有三だ。そこには、こんな理由があった。遡ること10年前、1986年5月に日本会議の前身にあたる「日本を守る国民会議」が作成した高校用の歴史教科書「新編日本史」が、大きな問題となっていた。

当時の報道を元に流れを整理すると、教科書検定は通ったものの、文部省から4度にわたり異例の修正要求がはいった。教科書の右派的記述を問題視した中国や韓国が猛抗議し、時の中曽根康弘内閣が外交問題としても対応していた。文部省だけでなく、外務省アジア局長の藤田公郎が版元の原書房社長に出版断念まで要請している。

タカ派ナショナリストのイメージが強い中曾根であっても、右派的な教科書を押さえ込もうとしていたのだ。この教科書は、事実関係の間違いも数多く指摘されていた。第一部でも参照した秦郁彦が当時、この教科書を検証した結果、近現代に限っても、誤植も含め16カ所の誤りがあった（朝日新聞86年9月6日付朝刊）

・ノモンハン事件を「昭和14年（１９３９年）5月、内蒙古のノモンハンで……」としている

・西安事件（１９３６年）当時、国民政府主席は別人なのに、蔣介石の肩書を「国民政府主席」

・米国による本格的な本土爆撃開始は昭和19年6月なのに「19年11月」

秦は朝日新聞の取材に対し、「昭和史を研究する者にとっては考えられないミス」と断じている。思いばかりが先行すると、ファクトチェックが甘くなるのは、いつの時代も同じと言えなくもないのだが、いずれにせよ初歩的なミスが頻出している。

96年の藤岡は自身の運動方針を梲島に説明し、86年当時の失敗から引き出した教訓

を聞いている。

「椛島さんは『新編日本史』を頑張って作ったんだけど、朝日新聞に見事に潰されたと言っていました。だから、朝日新聞に潰されないようにしなきゃいけないと。そのためには、著名な言論人や文化人を集めて、賛同をもらうということをやればいい。それなら朝日が批判しても抵抗になる。ぜひやったらいいですよと教えてくれたんです」

藤岡の話を聞く限り、椛島はかなり詳細に運動のやり方をアドバイスしている。この教えもあり運動方針は固まった。藤岡らはそれぞれの人脈で、賛同してくれそうな文化人や著名人に声を掛けて、賛同者リストを作った。大病を患い、新しいことをやる気概を失いかけていたという西尾も、藤岡の熱に感化されたように運動へのコミットメントを強めていく。

藤岡は、作った資料を「200人ぐらいの有識者、政治家」に配っていた。その中で、たまたま反応したのが、自民党右派で若手の雄と言われていた故・中川昭一だった。子供が中学校で歴史を学び始める時期と重なっていた中川は、教科書問題にすぐさま反応し、翌97年に安倍晋三らと議連（「日本の前途と歴史教育を考える若手議員の会」）を作っていくことになる。

西尾は当時の藤岡を評して「卓抜した運動家であり、つくる会は藤岡抜きには立ち上げられなかった」と語った。そんな藤岡が絶対に一緒に取り組みたいと熱望したのが、小林よしのりと林真理子だった。林に声を掛ける契機になったのは、１９８７年のアグネス論争だったという。

長男を出産した歌手のアグネス・チャンが、収録現場の楽屋に子供を連れてきたことに端を発し「周囲に迷惑」「甘えではないか」「いや預け先は他にはない」などと賛否が真っ二つに分かれる大論争が起きた。論争は流行語にもなり、一つの社会現象となった。林や、コラムニストの中野翠――彼女も当初、つくる会の活動に賛同していた――は批判側に回り、アグネス・チャン擁護派と論争を繰り広げた。藤岡はこの時の批判を覚えていた。

「私はこの林さんの考え方は非常に常識的だし、良識的だし、保守的な考え方だと思った。この人は、やっぱり単なる小説家、物書きじゃない。社会的な問題についても、バランスを持ってきちっと考えを持っている人だと評価が決まりました。林さんには確か、西尾さんから手紙を添えて、教科書の現物のコピーを資料として送ったんですよ。そしたら、(賛同しても)いいですよっていう返事が来たわけです」

小林を巻き込みたいと思った理由はわかりやすい。何よりも人気漫画家であり、当時、「SAPIO」(小学館)で連載していた『新・ゴーマニズム宣言』で、96年8月から、藤岡たちの動きとは全く関係なく、慰安婦問題を取り上げていたからだ。第三章で詳しく見ていくが、小林も当初からこの問題に強い思い入れがあったわけではない。それまで薬害エイズ問題で厚生省(当時)の責任を追及し、学生や弁護士とともに運動していた小林が、たまたまニュースで話題になっていた「慰安婦問題」を取り上げたところ、大きな反響を呼んだことで、期せずして関わることになった。

「わからんっていう感覚が最初にあったということよね、慰安婦問題が。本当に強制的にどこかから連れてこられて、慰安婦にさせられた人なのか、遊郭で働いているぐらいの感覚なのか。それがわからない。本当に日本軍の犠牲者になったかどうかわからない。だから調べてみようという感覚」(小林)から始まったのが、『新・ゴーマニズム宣言』の慰安婦編、日本近現代史編だった。

彼らからすれば人気漫画家が味方になってくれる、という気持ちだったのだろう。

西尾と藤岡は同年10月にあった故・西部邁（元東大教授。保守派の論客で、つくる会では公民の教科書を担当した）主催のパーティーで小林と初めて出会い、そこで一緒に運動をやろうともちかける。

「慰安婦問題が中学の歴史教科書に書かれるんです」と藤岡がお手製の資料を見せ、西尾が「歴史教科書の問題を一緒にやりませんか」と誘った。小林はその話を聞き「いま論争中の問題が教科書に載ること」に衝撃を受ける。薬害エイズの後で、また運動か……という思いもあったが、結局、引き受けることを決める。

あの時代、最もポピュラリティーを獲得していた漫画家を味方につけ、つくる会の主要メンバーが揃うことになる。

小林は、最初期から2002年に離脱するまでつくる会運動の中核として活動し、出版界の分水嶺となった『戦争論』（幻冬舎、98年）を書き上げていく。小林参加のインパクトは絶大だった。旧来、右派メディアで重用されていた論客にも参画を募り、96年夏以降は藤岡を中心に幾度となく会合を重ね、つくる会立ち上げに向けて動き出していった。

「新しい歴史教科書をつくる会」という名称を考えたのは元外務官僚で、評論家として活躍していた岡崎久彦だ。当初、藤岡が考えていたのは「歴史教育フォーラム」という名称で、フォーラム主催のシンポジウムを何度か開くことだった。ここで歴史の専門家や知識人を集めて、議論を通して、社会に注意喚起し、教科書作りにつなげていくというオーソドックスなやり方を模索していた。東京・御茶ノ水の「山の上ホテル」で開かれていた準備会合で、これに異を唱えたのが岡崎だった。

「何をやる会なのかをはっきりさせた名称がいい。『新しい歴史教科書をつくる会』とすべきだ」

これ以上ないほどに簡潔に目的を示し、補足する必要もない。誰もが納得する名称だった。名称を決めた会は、96年11月13日に小林も交えたミーティングをして、いよいよ12月2日、旧赤坂東急ホテルで開く結成の記者会見に向けて動き出す。藤岡と西尾が出会って、わずか1年に満たない期間で、会は急成長し、歴史にその名を残す右派運動になっていく。これが最初の呼びかけ人リストである。

・阿川佐和子（エッセイスト）
・小林よしのり（漫画家）

・坂本多加雄（学習院大学教授）
・高橋史朗（明星大学教授）
・西尾幹二（電気通信大学教授）
・林真理子（作家）
・深田祐介（作家）
・藤岡信勝（東京大学教授）
・山本夏彦（エッセイスト）

このうち、阿川と林は土壇場で会見出席を取りやめている。強い批判もあり、会の活動に積極的に関わることはなかった。2人は朝日新聞が発行していた論壇誌「Ｒｏｎｚａ」（97年5月号、「『つくる会』賛同人インタビュー　悲喜こもごもの賛同人事情」）でも「この件については発言を控えさせていただいています」（阿川）、「この件にはいっさいお答えしないことにしています」（林）などと似たようなコメントを出し、名を連ねた経緯を仔細に語ることは避けている。やはり名実ともに、この中で主要メンバーと言えるのは、ともに「つくる会」の活動と歩調を合わせるようにベストセラーを生み出した、藤岡、西尾、小林だ。

6

彼らがこれまでの右派運動と一線を画したのは、運動のターゲットをエリート層（学者や官僚、政治家、左派系メディア）ではなく、「ごく普通の人々」に定めて訴えたことにある。自虐史観をスローガンに「ごく普通の人々」に訴え、「ごく普通の人々」の風を味方につけ、敵である「エリート層」を攻める運動は勢いを増していった。

「つくる会」運動で括られがちな、彼らの主張をよくよく読んでみると、その思想も、目指していた方向も全く違っている。実際、彼らの話を聞いていると、活動を本格化させた97年以降、会議のたびに喧嘩寸前の激論を重ね、人間関係も含めていつ分裂してもおかしくない状況にあったことがわかる。

それぞれのルーツも違う。あえてカテゴライズすれば、藤岡はポスト冷戦時代に転身した「元左派」であり、小林は腕一本で世の中を渡り歩くフリーランサー志向の強い漫画家であり、西尾は戦中の思いをずっと抱き続けた保守系言論人だった。あらかじめ述べておくと、彼らを結びつけていたのは、リベラル派が誤解しがちな「イデオロギー」ではない。右派的な歴史観、保守的な歴史観とリベラル派は一口にまとめたがるが、彼らはそれぞれ「保守」という言葉の捉え方一つとっても、歴史に向き合うスタンス一つとってもあまりにも違っている。

小林は私のインタビューに「一致点か……。うーん」としばらく考え込み、「やっぱり自虐史観の克服じゃない。左翼的な視点で書かれた教科書を正さなければならないということかな」と答える。一致点を聞かれても、即答しにくい運動だったことを、小林の間は表わしている。

それが短期間で急成長した理由は、藤岡が左派運動のやり方に学んでいたことが大きい。藤岡は「自虐史観」という言葉をシンボリックに使うことによって、旧来の教科書や歴史観を「守旧派」とすることに成功し、「新しい」という言葉を使うにふさわしいポジションを手にした。

彼らの最終目標は当然ながら歴史教科書を作ることにある。だが、それ以前にもっと広い結節点を作ることが必要だと藤岡は考えていた。

「まず一番の一致点は従軍慰安婦の削除です。左翼の用語を使えば、これは統一戦線運動なんです。細かい考えは違っても、共通する一致点で力を合わせようというのは、教科書問題ならばできる。教科書問題は、いろいろなテーマの中で最も団結しやすい、最もまとまりやすいテーマなんです」

私は重ねて聞いた。「それを狙っていた？」

彼は間髪入れずに返す。「もちろん」

とはいえ、彼らが一時期とはいえ、まとまることができたのは「教科書」という具体的なターゲットがあったことだけでは説明できない。「教科書」の他に何が統一戦線を支えていたのか。それは人生観だ。

3人の人生が「自虐史観」という言葉を軸に交錯し、一つの流れに重なっていったのは、彼らが当時のメディア状況の中でマイノリティー意識を抱き、さらに自身の人生に対し「真面目」であったことが大きい。つくる会のような右派運動の当事者に、真面目という言葉を使うことに違和感がある人もいるだろう。だが、それはポイントがずれている。仮に彼らが人生に対して、不誠実であったとするならば運動はなんら影響力を持たないまま終わっていた。

藤岡はかつての教員仲間や歴史学者からの強い批判にさらされたことへの違和感を語り、信じていた左派イデオロギーが崩壊した以上、別の何かを構築することが必要だと考えていた。

小林は、かつて関わった薬害エイズ運動の学生が自分の元を離れ、次から次に別の左派運動に引き込まれていくのに対する責任を感じていたこと、そうした活動を賞賛するリベラル・左派メディアへの憤りを語っていた。

西尾は元々、知識人サークルの中では少数派だった旧来の保守系言論人である。彼は福田恆存《つねあり》を師と仰ぎ、小林秀雄や三島由紀夫の影響も受けながら自身の学問体系を積み上げてきた。

彼らはそれぞれで、マイノリティー意識があったことで、つくる会は「新しく」そして「権威」に立ち向かっていくという性格を持つ運動体になった。彼らはバラバラな個性の持ち主ではあったが、バラバラであるがゆえに会に勢いを与えた。「統一戦線運動」であるがゆえに彼らは常に瓦解の危険性を抱えていたが、その危うさもまた支援者には「魅力」となっていた。

3人がいかにして歴史の渦に身を投じることになり、いかにして「ごく普通の人々」との間にムーブメントを起こしたのか。そして、何を残し、何を破壊したのか。第一部で残った問いへの答えがここにある。

第二章　転身――藤岡信勝と教師たちの「当事者運動」

1

ある時期まで「つくる会」の新しさは、藤岡という存在の「新しさ」とつながっていた。藤岡は元左派であり、左派運動が力を持った理由を自らの経験から、よく学んでいた。左派は時の自民党政権を「敵」に定め、自らを「反権威」「反権力」的存在と位置付け、対抗することでまとまり、運動のエネルギーを調達する術を知っていた。反権威は攻めるポジションであり、右派寄りの自民党政権は常に「守る」側だった。攻める側は常に反自民というポジションを取り、攻撃的な口調で政権批判をすれば一定の意義を示すことができる。

自虐史観を旗印に藤岡が作り出したのは、右派でありながら攻めることができる

「反権威」というポジションだった。では「共通の敵」をどこに設定するのか？　彼が目をつけたのが、マスメディアの中心にいた朝日新聞であり、歴史認識、歴史教科書問題でリベラルメディアが重用した大学知識人たちだった。

藤岡は1943年に生まれた。自らを「戦後民主主義教育」の影響下にある世代だと語る。少年時代を過ごしたのは北海道東部の小さな町・標茶《しべちゃ》町だ。近隣で最大の都市である釧路から汽車でも、車でも1時間はかかる内陸部にある酪農地帯である。「人よりも牛の数が多い」という町で、父は町役場の職員として働いていた。

中学時代に、二番目の姉が地元の高校に進学し、そこに左派系の男性教員が赴任してきた。担当科目は日本史だった。ある日、姉が教員の家に遊びに行くといい、中学生だった藤岡を誘った。姉からすれば、社会問題に関心を持っている弟に何か新しい世界を見せてやろうという思いもあったのだろう。

家を訪ねた藤岡は、まず蔵書の量に驚いた。壁一面に本があり、田舎の高校教員としてはインテリ中のインテリだった。さらに押入れには岩波書店の「世界」、日本共産党が出している雑誌「前衛」のバックナンバーがずらりと並んでいた。中学生の藤岡は、そこでマルクス主義の基礎的な文献を教えてもらい、教員とのディスカッションを通じて、思想的な理解を深めていった。

高校に進学してからも、マルクスの主著である『資本論』を独学で読みふけるなど左派の本に触れていた。高校の図書館で、マルクス主義系の歴史学者、遠山茂樹の『明治維新』を熱心に読んだが、内容はほとんど理解できなかったという。

「とにかく資料の引用が多くて難しくて……。ただ、はっきりわかったことは、明治維新っていうのは立派なブルジョア革命ではなくて、日本の封建制の最後の段階である。絶対主義という、とてつもない抑圧的な社会をつくり出したものにすぎないんだと。それが天皇制だということでした」

遠山以上に影響を受けたのは社会学者の清水幾太郎だった。当時を代表する左派系オピニオンリーダーだった清水は、晩年に右派に転じ、『日本よ　国家たれ　核の選択』（文藝春秋、80年）で核武装を主張するまでになる。藤岡が影響を受けたのは、文章の名手としても知られた左派時代の清水だ。彼は読書を通して社会への関心を深めていく。

成績が良かった藤岡は目標としていた、北海道大学に進学した。1962年のことである。キャンパスにはまだまだ安保闘争の余波が残っていた。共産党系の運動団体「民青」とそれに反対する新左翼系に分かれ、それぞれに激しく争っていた。藤岡は民青系に属するのだが、決め手になったのはモラルだった。新左翼系の学生の生活態度があまりにいい加減で馴染めず、彼は真面目な民青系に惹かれていった。そこで人生の価値観に決定的な影響を与える出来事もあった。藤岡が大学1年の時、民青と新左翼で、学生自治会の主導権を左右する選挙があった。藤岡は、先輩にある思いつきを話す。

「自治会の選挙の規定に、白票が出た場合にそれをどっちに分類するっていう規定がない。ならば間隙をついて、白票はどう解釈すれば、こちらの有利になるかという理屈を考えて、私が先輩に提言したんです。そしたら、先輩に私はすごく怒られたんです。その時のことが自分の生き方の大きな要素になっています」

怒られた理由は、藤岡の考え方が「邪道」だったからだ。その先輩は彼にこんなことを言った。「どちらが勝つかは、それは大衆が最終的に決めるのであって、君が考えているような小手先のテクニックで勝とうとするのは間違っている」

自分たちが正しいと思うのならば、本当に多くの人からの支持を得なければいけない。これは「つくる会」運動でも彼の行動指針になっていく。

2

藤岡は大学院で教育学を学び、学者としてのキャリアをスタートさせた。北海道教育大学釧路分校で教員養成の仕事に携わりながら、やがて「授業づくり」、授業の方法論研究に取り組んでいくことになる。

今やほとんど顧みられることはなくなってしまったが、80年代、東京大学に移ってからの藤岡は改革派の旗手であり、左派色が強い教育科学研究会（教科研）の現場教員を中心に熱心な支持者が集まる存在だった。この時代を押さえなければ、藤岡の転身がいかに衝撃的だったかは伝わらない。

当時を知る男性教員が匿名を条件に語った。彼は、藤岡の分科会は常に多くの教員でにぎわい、最も活発な議論が交わされていたと証言する。

「参加すると面白くて、活気がある。だから若い人も集まった。左派的なイデオロギーが強い人もいれば、弱い人もいる。そこで授業づくりをテーマに議論するんです。僕たちは面白い授業をやりたいんだから、議論は活発になります。藤岡先生は、教科研の授業づくり部会で機関誌まで立ち上げるんですよ。みんな、それに協力した。そんなこと、普通はやらないです。藤岡先生は学者であり、活動家だった」

一体、何が現場教員の支持を集めたのか。その理由を私なりに整理するとこうなる。現場教員が最も知りたいのは、明日の授業改善に使える工夫や知識、役に立つ実践的な知識である。ところが研究者は理念や専門的な理論に執着し、なかなか「明日役に立つ」というニーズを満たすことができない。

藤岡の「授業研究」は、現場教員のニーズを的確に汲み取り「思いきりたのしく、しかも本当にわかりやすい授業」の方法を教員も交えて、「分析」することによって、誰もが真似できる「技術」を磨き合う。抽象的な理念よりも、磨くことができる「技術」に重きを置く。日々、児童や生徒と向き合い、面白い授業をやりたいという熱意を持った教員にこれが響いた。藤岡は現場教員の悩みに「寄り添い」、彼らのニーズを汲み取っていた。やがて、彼のもとに集った若い教員たちが後の自由主義史観研究会の中核を担うようになっていく。

3

左派コミュニティーの中でも改革派だった藤岡に、決定的な影響を与えたのが1991年の湾岸戦争とその後のアメリカ生活だった。同年1月17日、多国籍軍がイラクへの攻撃を開始し、湾岸戦争は始まった。イラクの指導者、サダム・フセインに合理的な思考ができれば、まさか戦争にまではならないと当時の藤岡は考えていた。

思考のベースになっていたのは「憲法9条は必要だ」「戦争は起こってほしくない」という「理想論」だった。希望的観測のもとに、戦争は起きないだろうと分析した自分を藤岡は恥じる。自身の「戦争は起こってほしくない」という願いが一つのバイアスになり、「これは戦争にまではならないだろう」という予想を導き出した。彼の思考の中に国際政治のリアリズムは一切存在せず、客観的な分析は全くできていなかった。

「今でもよく覚えています。当時、左派系のマスメディアでは、大胆な資金を多国籍軍のほうに提供してでもいいから、憲法9条の理想を守って、日本は自衛隊を派遣しないという考えが主流でした。我々は、安全保障とか軍備とか防衛の知識を全く持たされない戦後教育で育ってきました。湾岸戦争は、自分の身に迫るような問題として、初めて突きつけられたものだった。今後、もしかしたら、自分の息子を戦場にやらなきゃいけないということまで、半ば本気で考えざるを得ないわけです」

藤岡は湾岸戦争の衝撃がまだ冷めない91年8月から1年間、文部省（当時）から派遣され、在外研究員としてアメリカ東海岸に住むことになる。ニューヨーク郊外には、黄色いリボンをつけた家があちらこちらにあった。まだ湾岸戦争の余韻が残るそんな時代である。黄色いリボンには、兵士たちの帰還を願うという意味が込められている。

藤岡が見たのは、まさに湾岸戦争から兵士たちの無事の帰還を願う市民の思いだった。自分たちが平和であればよく、憲法を守るために、ただ金を出せばいいと考えている日本と実際に人を送り出すアメリカとの決定的な差がそこにあった。

差といえば、こんなこともあった。湾岸戦争の終結宣言が出された直後の91年3月11日のことだ。クウェート政府が「ワシントン・ポスト」などに広告を出し、クウェート解放のために協力してくれた国に感謝を表明したが、日本はお金を出しただけで、感謝の対象からは外れていた。91年は真珠湾攻撃から50年という節目の年でもあり、アメリカ国内で日本への関心が高まっているという背景もあったのだろう。藤岡が渡米してからも、アメリカでは議論が続いており、普通の労働者然とした男性がテレビ番組で堂々と人を出さない日本を批判した。

藤岡の中に反論できるような言葉はなかった。さらにアメリカでソ連崩壊というニュースを知る。ニューヨーク・タイムズなどで、解体の過程が、日々追いきれないほど大々的に報じられていた。冷戦終結以降の激動の国際政治の動きを国外で体験したことが、決定的な意味を持つ。

「日本では、あらゆる社会科学が社会主義、共産主義が正しいという前提でつくられていたと思います。それが崩壊するなんて思いもよらなかっただろうと」

藤岡は、滞在中にアメリカを代表するリベラル・左派系の政治哲学者、マイケル・ウォルツァーの『正しい戦争と不正な戦争』（風行社、08年）に刺激を受けたという。この本の中で、ウォルツァーはベトナム戦争を批判することから問いを立て、「正しい戦争」があるとするならばどのような条件が課されているのかを問う。要点だけ記せば、他国からの侵略に対し、自衛のための戦争は肯定されるとウォルツァーは考えた。ただし、ここが大事なのだが、彼は戦闘員と一般市民は明確に区別し、一般市民を犠牲にすることは許されないとしている。当時の藤岡にとっては「正しい戦争」があるという考えそのものが衝撃だった。

さらに彼は歴史学者、リチャード・マイニアの『東京裁判　勝者の裁き』（邦訳新装版、福村出版、98年）にも驚きを覚える。マイニアが東京裁判を公然と批判していたからだ。漠然と日本軍部を裁いた正しい裁判という認識だった日本人の藤岡にとって、認識を改めさせるほどのインパクトを持っていた。

マイニアの批判の動機は、後に彼自身が藤岡に直接語っているように（『汚辱の近現代史　いま、克服のとき』徳間書店、96年）、ベトナム戦争の経験であり、「アメリカの戦後の世界政策にずいぶんあやしいところがある、という認識」にある。それが日本で翻訳されると「別の文脈」に置かれるということは、当のマイニア自身もよく理解している。

日本版の前書きにもはっきりと書いているように、マイニアは「日本人読者が、本書は一九三〇年代と一九四〇年代における日本の政策を免責したり、弁護したりするものでないこと、を理解するように望んでいる」。法的な観点から「無罪」であることと、「歴史的な責任」の問題は全く別物だからだ。

押さえるべきポイントは、藤岡はマイニアの本を読んだことを契機に、帰国後、東京裁判を批判する本が多数出版されていることに気がついたことだ。それらの著作を通じて、藤岡は「南京事件」の否定論を知り、さらに第一部でも取り上げた江藤淳のＷＧＩＰ論を知る。

「日本にいる時には東京裁判のことなんて、一度も正面から考えたことがなかったんです。日本に帰ってから、東京裁判の関係の本を手あたり次第に読んで『ああ、こういうふうにして戦後の日本人の意識っていうのは加工されたんだ』と。歴史教育を見直さなきゃいけないと思ったんです」

帰国後、もう一つの驚きが待っていた。藤岡は、戦後の歴史教育や平和教育を見直さないといけないと思って帰った。湾岸戦争、ソ連崩壊とこれだけ大きな動きがあるのだから、そんなことはもう誰かが言っているだろうと思っていた。ところが誰も言っていない。全くの無風状態で、日本は何も変わっていなかった。

藤岡は当時の驚きを読売新聞（93年4月30日付朝刊）に寄稿している。それによれば、湾岸戦争は戦後の「平和教育がよりどころとしてきた憲法九条の『平和主義』の理想が国際政治の現実の中で破綻したことを示す衝撃的な事件」だった。なぜなら、侵略という厳然たる事実の前に、平和の理想を語ったところで「現実の解決には無力」だからだ。ところが、そんな形で問題を捉え直すことができた教師は少なく、いまだに「教え子を再び戦争に送るな」、あるいは「非軍事分野での貢献」を説いていることを嘆く。

「日本国内では常識的ともみえるこれらの意見が、国外からみると『外国人は平和維持活動で死んでもよいが日本人だけは血を流すな』という驚くべき独善とエゴイズムの主張となってしまう」（同）

１９４５年以降、世界各地どこかで戦争が起きていた。ところが憲法９条がある日本では、もう戦争が起きていないという認識で、授業をする教員がいる。教員は憲法９条の効果を教えようとしているのかもしれないが、しかし、考えるべきだと続ける。

「日本の平和教育は明らかに一面的であった。世界平和を自分たちの手でつくり出すという気構えに欠けていた。原点からの問い直しが必要だ」（同）

アメリカでの経験を元に、新しい「授業づくり」を訴える藤岡なりの真摯な論考ではあったが、応答は少なかった。藤岡は見直しの具体的な提案として、彼がアメリカで学んだディベートを授業に導入しようと提言し、実際に教科研で取り組んでいる。その代表的な実践が1994年8月に開かれた歴史ディベート「大東亜戦争は自衛戦争であった」だ。

肯定派と否定派で交わされた議論は書籍にもまとまっている（『歴史ディベート「大東亜戦争は自衛戦争であった」』明治図書出版、96年）。藤岡はこの中で「『大東亜戦争は自衛の戦争で』あったということを主張しようとするものではありません」と強調した。ディベートは、あくまでゲームであり、二つの立場から「議論の場」を作ることに意義があると強調する。「ディベートの本質は異論に触れて、その中にある優れたものを感じ取ることができる能力を磨くこと」だからだ。

左派系の教員からは「大東亜戦争」という言葉を使うことへの疑義など批判も寄せられていたが、取材にきていた朝日新聞編集委員の山岸駿介は、藤岡の取り組みを肯定的に報じている。

山岸はこの記事の中で、ディベートに参加した教員を取材し、「だれもが『調べれば調べるほど、何も知らないことが分かった』『いかに何も考えていなかったか分かった』と、近現代史への知識と理解不足を認めた」ことを重視している。教科研は「侵略戦争」の立場をとる団体だと見られてきたという前提を整理し、藤岡のコメントを続ける。


「だが、授業づくり部会代表の藤岡信勝東大教育学部教授は、近現代史教育では、そうした固定観念にとどまってはならない、と指摘する。

『日本人は戦後半世紀の間、学校で自国の近現代史をろくに学ばずにきた。これからは過去の戦争をすべて悪いものだったという歴史観を一方的に生徒たちに教え込むのではなく、もう一度、教師自身が事実を丹念に調べ、多面的に見直すべきだ。ディベートは、そのために有効な学習の仕方だと思う』

問題は教師たちが反省したように、近現代史に対する知識の不足であり、自らの頭で考えた歴史観の欠如である。それが克服できたとき、初めて近現代史をどう子どもたちに教えるかの問題に取り組めるのではなかろうか」（朝日新聞94年8月22日付朝刊）

朝日新聞を筆頭に、藤岡の歴史教育改革の提言、特にディベートは受け入れられやすいものであった。藤岡は、さらに「改革」の動きを強めていく。

流れが加速するのは、1994年8月24日である。教育系雑誌などを手がける明治図書出版で編集者を務める江部満と樋口雅子が、藤岡にこんな提案を持ちかけた。明治図書から「近現代史」の授業改革をテーマにした新しい雑誌を創刊したいと考えていること、新しい研究会を立ち上げて、執筆陣に加わってもらうこと——。藤岡はこの提案に乗り、研究会の名称をこう決める。

「自由主義史観研究会」

教育雑誌で立ち上げを告知すると、「授業づくりネットワーク」の核になっていた若手教員らも呼応し、骨格が出来上がった。わずか半年の準備で新雑誌『「近現代史」の授業改革』は1995年8月に創刊され、教育雑誌としては異例の増刷となり、1万部以上を発行した。旧来の左派系も含め、少なくない教員が熱狂的に迎え入れた。

4

「自由主義史観研究会」の自由主義は英語のリベラリズムとは全く関係ない。これも私なりに整理すると、当初は渡部昇一ら右派が唱える「大東亜戦争肯定史観」でもなく、藤岡らが考えている「左派」が唱える何かにつけ日本だけが悪いと考える「東京裁判史観」でもなく、両方の強いイデオロギーから「自由」になって歴史を考えるという意味合いが強い運動だった。彼らは既存のイデオロギー「からの」自由を目指していた。

戦後50年、戦争の時代にもう一度注目が集まり、さらにオウム真理教による地下鉄サリン事件が起きたこともあり、特定のイデオロギーに染まっていく恐怖が、より身近なものとして感じられていた年でもあった。

当時、藤岡が積極的に拠り所としたのは歴史小説家・司馬遼太郎の歴史観、いわゆる「司馬史観」だった。藤岡の整理によると、司馬史観には四つの特徴がある。（１）健康的なナショナリズム（２）リアリズム（３）イデオロギーから自由になろうとする志向（４）官僚主義批判――である。とりわけ重要なのは（３）と（４）で、当時の藤岡の心境とかなりリンクしているように思える。

雑誌の性格を決める創刊号の目次を見ると、確かに右派的な傾向の強い「『南京大虐殺二十万』説への五つの反証」や第一章にも登場した高橋史朗ら右派系論壇人らの寄稿もあるが、一方でリベラル系の政治学者である加藤哲郎が藤岡の「史観」に賛同しないという立場から鋭い批判を投げかけた論考も同時に掲載されている。

巻頭に掲載された小学校教諭の論考に、当時の教員が直面した切実な悩みが刻まれている。彼は冷戦構造が崩壊し、「この国」も自らの来歴を語れねばならないのに、対面する諸国の「物語」に相槌を打つことしかできない現実に気づく。そして3点の提案をする。

第一に歴史を善悪二元論から裁断するのではなく、民主主義とは何かを歴史教育の土台におくこと。第二に日本を世界史の中に位置付けること。第三に「戦争」を授業で取り上げること。「戦争はいやだ」という平和教育を否定せずに、しかし不十分であることを認め、「戦争とは何か」を考えること。

立ち上げ当初、彼らの問題意識は「今のままの授業ではダメだ」という極めて「真面目」な問いから出発していることがわかるだろう。背景にあるのは、自分たちがなんとなく信じていた左派的な価値観が、湾岸戦争、冷戦の終結で崩壊した今、もう一度日本の歴史を問い直さないといけないという思いだ。

雑誌の反響は大きかった。第2号以降の投書には、左派系の歴史教育団体に所属しているという教員からも投書があった。彼は研究会の考えを100%受け入れることはできないとしながらも、イデオロギーの時代は終わり、学問的に近現代史を捉える必要性を感じているとメッセージを送った。

ある中学校教員は中学時代に、戦争から帰還した祖父に「あなたたちはひどいことをした」となじった過去の後悔を綴った。

雑誌に感想を寄せた中には、まだ弁護士時代の稲田朋美（元防衛相）の名もある。自民党の中でも右派的な歴史観を鮮明に打ち出す稲田は「日本＝加害者と安易に決めつけ、それを日本人自身何ら疑問を抱かないということには私には奇異としか思えません」と思いの丈を綴っている。

藤岡たちは「当事者」として、自ら考え、メディアを立ち上げた。歴史教育の見直しは、少数派であったかもしれないが切実な思いを抱えた教員たちの「当事者運動」でもあった。リベラル系メディアは彼らを真っ先に批判した。

ディベート教育を賞賛していた朝日新聞は1995年11月16日付夕刊で「教員向けに『国家の誇り』を訴える雑誌創刊　アジア諸国反発の懸念も」という見出しで、彼らを批判的に報じている。

「従来の歴史教育、特に戦争についての教育は誤った『東京裁判史観』に立っているとして、その『克服』を主張する教員向けの雑誌がこの秋、創刊された。明治図書発行の『「近現代史」の授業改革』（雑誌『社会科教育』別冊、不定期刊）がそれだ。『日本という国家に誇りをもたせる教育を』との主張自体はこれまでもあったが、そうした国家主義的な主張を教員自身が声高に論じるのはこの五十年間なかった現象だ。歴史学者の中には『これがそのまま教室に入り込むのは危険だ』との声も挙がっている」（同）

藤岡らのディープストーリーからすれば、「国家主義」的な主張をしているつもりはまるでない。世界史の激動の中、これまでの拠り所を失ってしまった状態で、自分たちは真面目に次の教育を模索しているのに、なぜそれを「国家主義」と頭から批判され、なぜアジア諸国への配慮という視点から批判されるのかと考えている。人は自分たちの価値観や世界観を否定されると、時に意固地になるか、あるいはより否定されたものを信じるようになる。往々にして批判が無意味になってしまうのは、それが人格への攻撃になっているからだ。批判は様々な文脈から逆効果となり、この報道によって会への反響はさらに広がっていった。

5

ここで藤岡の目線だけでなく、研究会の主軸だったある小学校教員の目から当時の動きを追いかけてみたい。首都圏のある小学校で、管理職になったTである。都内の喫茶店に姿を見せたTは、薄いピンク色のシャツを軽やかに着こなし、およそ定年前とは思えないようなセンスの良い出で立ちで私の取材に応じた。80年代に学生時代を過ごし、「MEN'S CLUB」（メンクラと略す）をこよなく愛し、今でもアイビーファッションが好きなのだと言う。

「運動」や「研究会」という言葉とは縁の遠そうな見かけだが、Tは会の中心的な若手メンバーだった。取材の条件は現役教員なので勤務先が特定されるような情報は書かないこと、そして匿名であることだった。

1996年11月から97年2月にかけて当時、自由主義史観研究会に集った教員46人を対象に面接もしくは電話によるインタビュー調査（『歴史認識と授業改革』教育史料出版会、97年）をした教育学者、村井淳志は彼らを4つの類型にわけて論じている。

（1）「左翼体験」をくぐって転身した教員
ソ連がなくなったことやベルリンの壁崩壊に強いショックを受けたという声が少なくない。これも藤岡同様、冷戦終結後に右派論客の本を手に取り、影響を受けていったという声もあった。
（2）孤立していた教員
旧来の歴史教育や一面的な平和教育に違和感を抱いていたものの、なかなか口に出せなかったという声が少なくない。こうした教員は現場で孤立しており、藤岡が初めて組織化に成功した。
（3）旧来から保守的な教員団体などにいた教員
もっと伝統を大切に、あるいは天皇を大切にした教育をすべきだと主張する教員たち。彼らは当時の藤岡にまだ不満を持っていたようで、自分たちのほうが少し先を行っているという思いを口にした教員もいた。
（4）会員にならなかったもしくは脱会した教員
「つくる会」発足前後の藤岡の主張や会の動きに違和感を覚えたと言う声が多く含まれている。

村井の調査と分類は非常に的確で、いま読み返しても会の性格を摑んでいる。実際に調査を受けたTも村井の見解には違和感はなかったと語っている。強いて付け加えるならば、左派系からの転身を決めた教員たちは、仕事に対して熱心で、真面目すぎるくらい真面目という傾向があるということだろう。「『近現代史』の授業改革」に「なぜ自由主義史観に魅かれたか」というコーナーがあるのだが、そこに書かれているのは、ほとんどが熱心な左派からの転身の告白なのだ。彼らは自分の人生を振り返り、左派運動に傾倒した過去の自分と向き合っている。

Tのライフヒストリーは藤岡の元に集ったタイプ（１）の教員の思想と行動に通じるものがある。

Tは「遅れてきた青年」だった。左派的なムーブメントがとっくに過ぎ去った時代にあって、高校時代からロックが好きで、フランス革命に惹かれていた。歴史好きが高じて、司馬遼太郎にも接近した。彼が入学した地方の国立大学でも左派文化はとっくに廃れていたが、たまたま入った学生寮を仕切っていたのが共産党系で、勧誘され、あっさりと応じた。父親が国鉄（今のＪＲ）で労働組合をやっていたので、左派への抵抗感もなく、そこそこに熱心に取り組んだという。

そこそこ、というのはこういうことだ。彼は本を読んだり、人と議論したりすることは厭わないのだが「運動」には熱心に関わりたいとは思わなかった。いかにも80年代の学生らしく、雑誌「POPEYE」や「メンクラ」を愛読し、ファッションやサブカルチャーも大好きだった。コンバースをわざわざ原宿まで買いに行き、アイビー系ファッションで全身を固めていた。Tのスタンスは「右手に『メンクラ』、左手に『朝日ジャーナル』か『世界』」だった。

Tは後々まで一緒になって自由主義史観研究会で活動することになる友人たちとも学生時代に出会う。教育学部だったこともあり、歴史教育にも興味を持つ。友人同士で歴史教育系のサークルを立ち上げ、そこで議論を重ね、方々に出かけていく。

「高校時代までは、『竜馬がゆく』なんか読んで、明治維新って良いことだと思っていたんですけど、大学で先輩たちからあれは階級的な革命じゃなくて、うんぬんかんぬんと聞かされるわけですね。当時は、本多勝一の本も流行っていて、従軍慰安婦という言葉も、80年代に私は知っていきました。

日本は侵略戦争をして、ひどいことをしたと、どんどんそっちに染まっていきまし育ってきました。僕は日教組とか全教に所属する機会もありませんでしたから。左派の先生たちがいることは知っていても、あまり関わる事もなかったです。むしろ「労働組合運動の場は職場での闘争ではなく教室の中だ」っていう主張に共感して、教室の外ではなくて中で勝負できるよう、授業を良くしていくことに専念するのが教員の役割だと考えていて、ひとまず左派的な考え方からは距離を置いていたたね。純粋に入ってきました。今までそういう歴史を教わってなかったので、歴史教育っておかしいんじゃないかと考えるようになるわけです」

大学卒業後、一度就職してから小学校の教員になる。彼は授業の腕を徹底的にあげたいと思いサークル活動にも熱心に取り組んでいた。学生時代からの延長で顔を出していた左派の牙城とも言える歴史教育者協議会（歴教協）だけでなく、教育界で一世を風靡した向山洋一の「教育技術法則化運動」にも顔を出した。Tは今風に言えば「意識高い系」のビジネスパーソンのような教員である。向山の思想はビジネス書に近く、観念的な教育理念よりも、実践的かつ明日から役に立つ技術を探求していく。活気があったのは法則化のサークルのほうだった。

Tや一足早く教員になっていた彼の親友には、歴教協は全く活気がないように感じられた。自分たち以外に若手がおらず、若い教員で熱心な人たちは「法則化」のほうに取られている。左派であるTたちにはこれが我慢できない。理念はともかく、例会はおもしろくなく、しかもためにならず、知的刺激もない。サークルが各地で立ち上がり、活発な報告と議論が交わされる法則化とは全く違う。若手を惹きつける向山から学ばないと、左派はダメになる――。

どこの組織でもありがちだが、改革を求める若手の声は、一部をのぞいて組織には黙殺されていく。声を上げても、響かない。そんな現状に不満を抱えた彼らの知的好奇心を満たしたのは、藤岡率いる教科研「授業づくり部会」だった。

「僕は法則化サークルに出入りはしていたけど、そこまで熱心な支持者ではなかったんです。ハウツーは大事だけど、すべてではない。教育には哲学が必要なんですよね。法則化はハウツーに寄り過ぎていて、哲学がないところが不満だった」

Tにとって「終戦」に匹敵するような衝撃だったのが、89年のベルリンの壁崩壊だ。映像をみながら自分の中でも理想が崩壊していくような感覚に襲われた。絶対に壊れないと思っていたものが、壊れ、学生時代から信じていた左派としての理想も同時に壊れていった。だから、彼には藤岡の転身が唐突なもとは思えなかった。Tは、当時の勤務先であった組合の集まりで、自らやめると告げた。夕刻、小学校の一室に5〜6人が集まっていた。

「もう組合をやめます。ベルリンの壁も崩壊したし、今までと同じようにはできない」

「えっ、それと組合活動と何が関係あるの？」

組合仲間は目が点になっていたという。ある組合の先輩教員から「お前は、転向するのか？」と問われた。Tは答える。「あぁ転向しますよ」。転向という言葉を口にしながら、彼は学生時代を思い出していた。「転向って言葉が学生時代、すごく嫌いだった。おれは絶対転向しない」と信じることができた若き日々を、である。

藤岡と歩調を合わせるように、彼は自由主義史観研究会に参加する。当初から会に参加するメンバーも論客も「玉石混交」だと思っていた。村井が分類したように、いくつかの潮流が入り込んでいたからだ。もとより運動ではないから、いろんな人がいていいし、共通する一致点が必要だとも思っていなかったが、朝日新聞やかつての歴教協の仲間からの批判には違和感もあった。

「当時は、やっぱり頭にきますよ。健全なナショナリズムとか愛国心って言うだけで右になるなら、右でいいと。その空気がおかしいと思っていました。愛国心って、国がある限り、どこにもあるわけで、なんかおかしいですよね」

一方で彼は、運動には関わらないと決めていたから、その後の「つくる会」には参加しなかった。藤岡たちもまた、運動への参加を強制することはなかった。

「自分の中では、左派のイデオロギーに汚染されていたというか、今なら洗脳されてるって言えますかね。そういう自分がいて、とにかく自由主義史観で今までの自虐史観を変えるぞっていうのが大きかったんです。

日本を否定してるって、まさに私がそうだったから。若手の時から、自虐的なことを教えていたんですよ。社会科で調べ学習をやりましょうと言って、調べますよね。歴史教育なんかでも、韓国大使館なんかに手紙を送って、日本の過去を調べましょうという教育をやっていました。実際に返事が返ってきて、それを紹介していました。当時だと子供が天皇批判を作文に書いてきて、私は学級通信なんかに載せちゃっているんですよ」

Tの言葉は少しだけ小さくなり、時折こぼしていた笑みもなくなる。声はやや震え、当時の子供たちには申し訳ないことをしたという思いで語り始めた。

「天皇批判って、どんな批判ですか」

「やっぱり、昭和天皇にも戦争責任があるんじゃないかという話ですね。今は自分の中では懺悔しかないですよ。私が授業でどんどん煽っているわけです。調べてみようって言いながら……」

「何で当時、そういう授業を？」

「汚染されていたから正義だと思っているんでしょうね。自分は正しいと思っているし、これが歴史の真実だと思ってやってるわけです」


Tにとって自虐史観の反対にあるのは、自己肯定感を高める教育だという。それが、彼がたどり着いた「普通の民主主義国家の教師として、子供たちを普通の国の普通の主権者に育てる」教育の条件なのだ。


「今は自分の学校を否定する、自分の国を否定する、自分の地域を否定する人間ほど、かわいそうなことはないと思っています。私たちは、自己肯定感を育てないといけないと思うのです。今の私の目標は、学級目標もそうだったんですけど、まず子供たちに自己肯定感を持たせるということです。自分を肯定し、自分の周囲を肯定し、地域を肯定し、日本を肯定し、世界を広げていけばいいと思うんです。

こんなひどいことも日本はやったということは、大きくなって学んだらいい。私はそうだよなって言います。日本の歴史は全部いいわけじゃない。不完全で、失敗もあった。だけど、根本的に、それでも日本っていい国だよって、そう思えることが人間として大事なんだと考えています」

振り返れば、Tが学生時代に住んでいた寮の対面の部屋には、在日朝鮮・韓国人の友人も住んでいた。「在日」であることの悩みや差別についてもいろんな話を聞いた。彼らには共通の「敵」がいた。過去の日本の支配者や日本政府だ。敵がいれば対立することもなく、友情は深まる。だが、と今なら思う。それは本当の友人なのか。彼は「在日」と民族の歴史を背負って話をしている。一方、自分はどうか。日本人としての自覚を持って話してはいなかった。

振り返れば、国鉄に勤めていた父親は、左派系の組合活動に取り組んでいたが、休日には「旗日」だからと国旗を掲揚する「普通の日本人」だった。若い時、父は矛盾していると思っていたが、今となっては両立を「普通」だなと思える自分がいることに彼は気がついたのだった。

6

自由主義史観への批判が強まる中、彼らに急接近したメディアがあった。産経新聞だ。1995年12月21日、藤岡は都内のレストランで昼食をとる約束をしていた。出席したのは、当時の東京編集局長だった住田良能《ながよし》、論説のトップにいた吉田信行、過去に取材を受けたこともある安村廉だ。産経側が一席設け、藤岡を呼んだ。東大・駒場で講義をする前の時間に設定されたランチミーティングだった。

産経新聞が藤岡の動きに着目したのは、ある意味で当然の成り行きである。リベラル系メディアが例えば「愛国心を大々的に喧伝する右派なのに護憲派」という論者を重用するのと同じように、教科研という「左派」から出てきた「東大教授」が「近現代史教育の見直し」を提言していることを、右派系メディアも同じ論理で注目した。政治的スタンスとは関係なく、「使える」と思った人を起用するメディア業界のリアリズムだ。

産経側は藤岡のアメリカ滞在時の思い出などを聞きながら、歓談していた。彼を接待し、最後の最後に本題を切り出すという戦略だったようだ。住田はおもむろに「自由主義史観研究会のメンバーで、産経新聞に歴史をテーマにした読み物を書いてほしい」と切り出した。

藤岡はすぐにイエスとは言えなかった。会は当時、雑誌作りと増える会員の対応など、目の前の運営だけで手いっぱいだった。その上、さらに連載などできるのか。一方で、新聞連載となれば一教育雑誌以上の注目を集めることができる。会の主張を伝えるには、理想なのではないかという考えもめぐった。

新聞業界のセオリーからいえば、破格というより超がつく異例のオファーであったことは間違いない。プロの歴史学者でもない現場教員たちを中心にしたグループの歴史読み物に、相応以上の紙面を割くのだ。

藤岡は最終的にイエスといったが、決め手になったのは産経の熱意と同時に、藤岡の価値観にあった。藤岡は私のインタビューに「アマチュアリズム」、それも良い意味でのアマチュアリズムを大切にしていると語っている。

「どんな人でも、自分で疑問を持って調べて考えて納得できたことを、その自分の疑問を持った過程を含めて、言語化して書けば、絶対に誰かが読んでくれるものになります。だから、自分の頭で考えることが大事なのです」

これは『「近現代史」の授業改革』第4号で、左派系の歴史学者が書いた自由主義史観批判本への反論特集のスタンスと完全に重なる。特集で彼らは「専門家であるが故に鵜呑みにする権威主義」に立ち向かい、「歴史の素人」である教員たちが、「歴史の専門家と対等にわたりあっている」と自負する。藤岡が編集後記に書いているように「歴史の解釈権はむしろ歴史研究の消費者たる素人にこそある」。「素人」と「専門家」を対峙させ、「健全な理性」を働かせられる素人が「専門の歴史学者の歪んだ議論を論駁出来るという事実」を藤岡は殊の外強調している。ここにあるのはまぎれもない――そして百田現象ともつながる――エリート批判である。

藤岡は連載を引き受けることを決め、12月28日、産経新聞東京本社に住田を訪ね、編集局で最終の打ち合わせに臨んだ。住田は自らペンを握り、大まかなレイアウトを決め、編集部にいる記者を「おーい、あなたの時代が来たぞ」といって呼び止め、細かい指示を送った。

編集局長はなかなかの辣腕で、初回開始をわずか2週間後、年明け96年の1月15日と決め、ほぼ連日、掲載すると告げた。歴史問題に詳しい皿木喜久――退職後、つくる会副会長――が、担当編集に指名された。タイトルは住田の一声で「教科書が教えない歴史」と決まったのだが、これが後に累計100万部超のベストセラーのタイトルになるとは誰も思っていなかった。

1回あたりの分量は1200字程度、共通のテーマを設定して、1シリーズ12回で始め、2週間休載してから、第2シリーズを始める。困ったのは藤岡たちのほうだった。95年末から96年は大晦日も正月もなかったという。

大晦日に研究会の主軸4人と本郷三丁目の喫茶店に集まって、侃々諤々の議論の末に構成案をひねり出した。彼らにとって最大の長所は、小学生を相手に授業をしていたことだった。教室で、小学生にエピソードを語りかけるように書くことができれば、自然と読者に届くものになる、と藤岡は考えた。

原稿の最終確認は藤岡が務め、赤字も入れた。後に方針として明確に示される「小学六年生でも読める平易な語彙と語り口」は最初から徹底されていた。総じて、教科書には載っていない日本人のちょっと良い話を描くというものになった。大テーマは「日本とアメリカ」「国づくりの設計」「勇気と友情の物語」――。

藤岡の述懐――「文章だけは徹底的に私が直しました。真っ赤になるくらい赤字を入れたこともありました。徹底的に読みやすくしましたよ。やっぱり、教育関係の文章っていうのは、とにかく読みにくくて、つまらない。それじゃ駄目なので、すっとわかって、しかも、面白い。オチがあるというような書き方は私が陣頭指揮を執って相当やったつもりです。私は、右とか左とかっていうのはあんまり考えていなくて、今までこの教科書に書かれなかった話が、山のようにたくさんある。それを掘り起こして、短く1回の読み切りで面白い話にしてやろうと思ったんです」

取り上げる史実の解釈にプロの歴史学者からの批判はあったが、彼らの方針は当った。1月15日の掲載直後から、産経新聞にも藤岡の元にも電話が殺到し、当初の目論見以上に自由主義史観研究会の名前は知れ渡ることになる。

企画会議は隔週日曜日、産経新聞社会の会議室で、1回につき4時間ほど話し合う長丁場になった。あまりの反響に、1シリーズ12回は、1シリーズ18回に拡充され、ほとんど間をおかずに新シリーズが始まるようになった。そして、96年8月に出版された第1巻は一気にベストセラーとなった。

単に右派的な歴史観を喧伝するというだけならここまでの広がりはなかった。小学6年生がわかるように、かつ「ポジティブな日本人の話」を載せるというコンセプトが市場に歓迎されたことは紛れもない事実で、後年、書籍だけでなくバラエティー番組でも乱立することになった「日本（人）は実は凄いんだ」論の原型といってもいい。

藤岡は今でも、ベストセラーになった要因には社会情勢の変化もあったと考えている。それは、社会の間に広がっていた「自虐史観」と、日本の「謝罪外交」に対して、声こそ上げないが批判的に捉えている人たちがいたということだ。運動にもメディアにも登場しない人々の存在が部数には現れている。左派からの批判もあったが、雑誌創刊時の教員の反響とも相まって、彼は自由主義史観への確信を深めていった。

右派メディアとの関係を強める中、研究会にも決定的な転機が訪れる。96年8月、『「近現代史」の授業改革』第5号に自由主義史観研究会名義で掲載した「中学教科書から『従軍慰安婦』記述の削除を要求する」だ。研究会の趣旨を超えた政治的なアピールではないか、と離反する教員も少なくなかった。古参メンバーのTも「これでは社会運動ではないか」と思ったという。声明発表の時期は、藤岡が西尾らと共に教科書問題に取り組もうと決めた時と重なる。どういう趣旨で声明を出したのか。離反者の声をどう受け止めるのか。私の質問に、藤岡は一瞬だったが目線をそらし、ふっと息をついて語り始めた。彼自身もここが転機になったことは承知しているのだろう。

「私が強く言って出しました。ちゃんと従軍慰安婦強制連行問題は嘘だと表明する団体がなかったんです。これは教育の問題で、教科書に載っているということが問題です。だから、声明を出そうと私は強く主張して、それで、みんなを納得させて出した。例えば教科研の授業づくり部会には参加して一生懸命熱心にやっていた人でも、考え方は完全に左派の東京裁判史観という人がたくさんいるわけですよ。彼らはすぐにはついていけないでしょう。

当時、日本国民は、強制連行があったということは信じ込んでいましたからね。ついていけないという人が出ることは、やむを得なかったと思います。そこで、自由主義史観研究会が、教育団体から一種の政治団体みたいなものになったというような人もいるんだけども、私としては、そんなことはないと反論したいです。教育現場で嘘を教えることには納得できないから、声明は当然のことだと言います」

外形的な事実として、96年という年が藤岡にとっての転機だった。やがて藤岡は、批判していたはずの渡部の論を「当時の私はまだ左翼の影響が残っていました。今なら全く抵抗感はないですね」と賞賛するようになる。

最後にもう一つの事実を指摘しておきたい。96年1月15日――。産経新聞で連載が始まった日、それは藤岡が西尾幹二と初めて出会う前日のことだった。

第三章　ポピュラリティー――小林よしのりを貫くもの

1

「権威よ死ね！」――小林よしのりの代表作『ゴーマニズム宣言』シリーズを貫くコンセプトである。ここでいう権威とは知識人や大手メディアのことだ。今でこそインターネット上で「マスゴミ」という言葉が広まり、反マスコミは当たり前になったが、当時はインターネット以前の時代で、マスコミの権威は今よりはるかにあった。

90年代後半、重要な社会問題の中心には、常に小林よしのりがいた。薬害エイズ問題で学生らと共に運動を牽引し厚生省（当時）の責任を追及した姿をリベラル派・左派は賞賛した。その直後から関わった「つくる会」運動は右派からすれば、思わぬ援軍であると同時に、リベラル派からはバッシングの対象になり、2000年代に入りイラク戦争を痛烈に批判すると右派からも批判の対象になった。

右派からは「左派」と批判され、左派からは「右派」——それも強い影響力を持つ「右派」——に括られる。だが、それが表層に過ぎないことは、彼が薬害エイズ問題の後に、つくる会に関わっていった軌跡からも浮かび上がる。

２０１９年８月——。都内のホテルで20年前を振り返るインタビューに応じた小林は、作中同様、あらゆる質問に真剣にかつ誠実に答えようとする大人だった。彼は自分の作品の中に、自分の思想信条、その時自分が考えたことを全力で描こうとする。そこにごまかしがないことは伝わってきた。キーワードは「情」「個」「責任」——。

2

小林が薬害エイズ問題に関わっていったのも、従軍慰安婦問題に関わっていったのも、すべては偶然からだった。その軌跡が詳細に記録されている『脱正義論』（幻冬舎、96年）とインタビューをもとに、整理する。

１９９2年9月2日、小林は当時の担当編集者に誘われ、「『ゴー宣』のネタになるだろう」くらいの軽い気持ちで東京地裁に行き、東京ＨＩＶ訴訟を傍聴する。薬害エイズ問題が大きく広がっていく前のことだ。ここで、小林は血友病の治療のため血液製剤を打った子供たちがエイズに罹っているという現実に愕然とする。

そこで原告弁護団の清水勉と出会ったことが、運動に参加する契機となった。小林は『おぼっちゃまくん』など時代を代表する大ヒット漫画を手掛けており、『ゴー宣』はその新境地として注目されていた。漫画家としてメジャーを背負っている自分が、薬害エイズ問題を描けばどうなるか。読者は関心を持ち、現状に怒りを覚えるはずだと思い、彼は漫画にした。彼は「一貫」して、自分の影響力に自覚的であり、発言や立ち居振る舞いにもかなり気を配っている。

次の転換点は、94年12月だった。後に国会議員になる川田龍平ら原告の少年3人と、支援する弁護士や若者たちが小林の職場を訪ね、「ＨＩＶ訴訟を支える会」の代表になってほしいと頼んできた。

小林は、同時期にオウム真理教問題にも関わり、実際に教団から命を狙われていた。スタッフも含めて危険な状況の中ではあったが、彼らの頼みを引き受けた。川田はそこで「高校の教師になりたい」という夢を小林に聞かせた。治療が格段に進歩した現在とは違って、まだエイズは「不治の病」であり、事実として運動は常に原告の死と隣り合わせだった。

「子供たちがかわいそうっていうだけで、『情』で始めたんだよね。イデオロギーは関係なく引き受けたよ。右翼とか左翼とか何も関係ない。ただ、わしの読者だった子供たちが仕事場にやってきた。薬害エイズに罹った子供たちがやってきた。そりゃ、本当は関わっていくのは嫌だったよ。彼らはいつ死ぬかもしれないから、関わればその分、情は増していくでしょ。だから、関わるのは嫌だっていうふうに思ったけど、だんだん、だんだんだん引きずり込まれてしまった。

薬害エイズの裁判を描いた時に、すごく子供たちが喜んでくれたから、もう、やらざるを得ない状態になっちゃって、必死で運動やったよね。必死でやらなければならないと。一人ずつ死んでいくかもしれないんだから」

小林は子供向けの漫画で一時代を築き上げてきた漫画家である。「読者こそが自分の本当の子供だと考えて、必死で彼らと戯れてきた。この子供たちの小遣いを分けてもらってわしは生活してきた」という気持ちが根底にあった。情は小林にとって、とても重たい言葉だ。『ゴー宣』を描き、テレビにも出演し、集会で登壇し、厚生省の官僚との交渉も前面に立って臨む。すべての原動力は情だった。小林の動きに呼応して、読者である学生たちも集まり「支える会」は一大社会運動に発展していく。

藤岡が明治図書出版で、新雑誌創刊に向けて奔走していた95年6月29日、小林は学生たちと厚生省前デモの企画を練っていた。「支える会」の学生たちが持ってきたアイディアはデモ隊が厚生省を取り囲む「人間の鎖」だったが、小林は厚生省の食堂を参加者でジャックする「白昼の食いだおれ作戦」を提案する。自分たちが考える正義感一本で「人間の鎖」を呼びかけても、それは市民団体しか動かすことができない。そうではなく、もっと楽しく、幅広く「家でちゃんと情報を得て怒りながら見守っている人」を動かすにはどうするか。考え方の違いは明白だった。

小林の告知もあり7月24日のデモには3500人もの人が集まり、厚生省を取り囲んだが、結局、小林の考えは採用されず、彼の目からみると「えせヒューマニズム大会」に終わる。一部の若い読者は「白昼の食いだおれ作戦」を実行していた。彼らは左派色の強いデモは「ノリが違う」と語りながら、しかしアクションは起こしていた。小林はその声を聞きながら確信する。「この〝観客〟こそが実は常識ある今時のフツーの感覚の人々で…〝正義〟のみでやって来る人々はむしろオウム信者的危うい人々か…もしくはイデオロギーで行動している」のだ、と。

小林の思想はここでも一貫している。熱心に運動にやってくる人々よりもはるかに多く、普段関心を持っているが、自分の仕事や生活があり動かない人々がいる。彼らのような「良き観客」を動かすことが運動では大事になる。特に「支える会」の目的は国＝厚生省に責任を認めさせ、謝罪させることだ。国に責任を認めさせるには、熱心な運動家を動員するだけでは全く足りず、「良き観客」が参加して初めて突き動かすことができる。そのために運動は楽しくやる必要がある。なぜなら、楽しくないところに「常識」を持った「普通の人々」は集まらないのだから。正論である。

10月に成功させた若者主導のラップソングを用いたパレードも、「食いだおれ作戦」も発想の原点は同じだ。彼の視点は常に、「普通の人々」からどう見られるかに向いている。

薬害エイズ運動はさらに動き出す。12月12日に厚生省前で大規模集会が企画されていた。運動の内部では、前回の3500人を超える人数が集まらないと国側からは訴えが広がっていないとみなされる、という理屈がまかり通り、目標の5000人を集めるために、労働組合を動員するというアイディアが採用された。

この時から小林は、運動の主体は徐々に左派が握るようになったと感じている。一方で、運動の論理に埋没していく学生は、オウム信者と何が違うのかという声も外部からは上がっていた。小林は学生とオウム信者は違うと答えていた。「自立した個人が、薬害エイズという非常事態に手を取り合い、目的を果たしたら解散する」のであり、運動そのものは目的ではなく、解決が目的であるという点が違うのだと。

「結局、左翼の運動体ばっかりが中にいたんだよ。そっちのほうに学生が流れていった。後々、書いたように薬害エイズ運動自体はやらなくちゃいけなかった。これは間違いないでしょ。だって現実に、今、被害が出ていれば、運動をやらざるを得ないじゃないか。ただ、そこで注意しないといけないのは、個の連帯になっていたかどうかだよね。集団の論理に埋没するとまずいんだよ。わしが薬害エイズ運動にあると思っていた、個の連帯は幻だった」

小林は必死になってテレビ出演を繰り返し、集会の告知をする。興味深いのは、12月8日に出演した『朝まで生テレビ！』だ。三部構成で、第一部が戦争責任、第二部がオウム、第三部が薬害エイズで議論することになっていた。後の小林なら第一部から積極的に発言しそうなものだが、「若者にも戦争責任がある」という議論よりも、第三部のことばかりを気にしていた。そこで告知を成功させたい、という思いが出演動機のほぼすべてだった。

ところが、95年末から96年にかけて運動の中心にいた川田とも徐々にすれ違いが目立つようになってくる。小林が「情」の運動を肯定するのに対し、川田たちは「情」を拒絶し、「共感」を求めているように見えた。小林が強烈に「共感」を否定するのは、共感とイデオロギーの距離が近いと考えているからだ。情は他者にもかけるものであり、人のためにやるという一線が引けるが、共感は「人の怒り」と「自分の怒り」の境界がない。

「なんで薬害を『自分の怒りとして』考えられるの？　そりゃウソだ！（中略）原発も共感　広島も共感　沖縄も共感　従軍慰安婦も共感…弱者全部に共感…いいかげんにしろって！　それはサヨクでありオウムだ！」という作中の叫びは全く偽りのない気持ちだったが、内部には届かなくなった。

96年に年が変わってから、運動は劇的に進む。当時、厚生大臣だった菅直人が国の責任を認めて謝罪し、3月29日にはＨＩＶ訴訟で和解成立という大きな成果を勝ち得た。新聞各紙も当然のように一面から大々的に報じた。それもそうだろう。国も企業も責任を認めて謝罪をするという誰もが予想し得ない結末になったのだから。大きな要因の一つは、小林が中心になり盛り上げた「世論」にあった。

薬害エイズ問題を熱心に追及してきた毎日新聞は、3月30日付朝刊で「薬害エイズ

訴訟の和解成立　政治家主導で道開く——世論を背に官僚〝包囲〟」という記事を掲載している。

「菅厚相ははばかることなく、一月二十三日には省内に調査チームを設置。あえて外部の人を入れなかったのは、調査結果がどうあれ官僚自身の責任として言い逃れを許さないためだった。

調査の結果、一九八三年当時の郡司篤晃・生物製剤課長のファイルなどが見付かり、当時の厚生省とエイズ研究班をめぐる疑惑が浮かび上がった。二月十六日に厚相が原告患者と会い、謝罪した段階では、世論が完全に原告側についたこともあり、官僚の自己保身的な言動も薄れていった」（同）

だからこそ彼は「責任」を感じてしまうのだ。自分の読者である若者たちを煽り、「運動」へと引きずり込んだ責任があると思っている。学生たちは、これだけの成果を上げたにもかかわらず、まだ運動をやるという。

「薬害エイズの運動とオウムとの戦いは同時期なの。そこで、だんだんと運動にはまって、集団の中に溶け込んでいく左翼の感覚と、オウムの信者がオウムの集団の中に溶け込んでいくって、同じ現象なんじゃないかと思ったわけ。個をどちらもなくすわけでしょう。みんな個をなくして組織に埋没する。日本人に個がつくれるのだろうかということがわしのテーマになっていく」

96年4月10日、『新ゴー宣』(「SAPIO」96年4月24日号)に「運動の功罪──日常へ復帰せよ!」を掲載すると、学生たちとの連絡は一気に途絶えた。

「わしも大学時代に危なかったから。学内に左翼の男がいて、ちょっとの間だけど、そいつと一緒に学生運動をやっていたわけ。これは運動のための運動になっていると思って、わしはやめてしまった。

その時に『今戦わないやつが明日戦うと言っても信じない』とか言われて、後ろめたい感覚になったんだけど、結局、自分の現場を持たない学生が、社会のことをどうこう言ったって仕方がないよっていう感覚があって、離脱したんだよ。

その後は、ひたすら漫画を描いて、プロになったから、今度はその力を利用して、漫画を描いて、子供たちを救おうというふうに思ったわけだ。そうしたら、大学生が左翼運動の中にはまっていって逃げられなくなった。だから、日常に戻れと描いた。それは自分の体験から言えるからね。でも、戻れと言ったらみんなが反発して、誰とも連絡を取れなくなった」

「純粋まっすぐ君から脱却せよ　支える会を解散して日常に復帰せよ」というメッセージは、届かないままだった。

3

小林が『新ゴー宣』のなかで初めて従軍慰安婦問題に言及したのは96年8月だった。その契機になったのは、「従軍慰安婦問題を考えて！　学生らロックで訴え——あす、渋谷でイベント」という見出しで、毎日新聞の都内版（96年7月13日付）に掲載された一本の記事だった。リードを引用しておこう。

「ロックに乗って『従軍慰安婦問題』を考えてみませんか——。学生、会社員ら20歳代が中心となり14日、渋谷区の都立代々木公園野外音楽堂で『戦後補償実現フェスティバル』と銘打ったイベントを開く。パワフルなサウンドで同世代の関心を引こうという戦後補償運動の〝ニューウエーブ〟だ」

その中に「薬害エイズ問題が、川田龍平さん（20）ら若い力によって大きく前進したことに触発され」、若者たちが実行委員会をつくったという一文がある。小林はこれを見逃さなかった。「純粋まっすぐ君」でイデオロギーから自由な若者が、怒り訴えるやり方は、小林が薬害エイズ問題を訴えるラップパレードで実践していたものと同じだったからだ。

そこで小林は従軍慰安婦問題を取り上げる。そこで書かれているのは、朝日新聞と産経新聞の論調の違いに驚いたという非常に常識的なものだった。各新聞の主張に違いがあるということは、インターネットがある今なら簡単に調べることができるが、時代は90年代である。よっぽどのことがない限り、新聞を2紙併読するような読者はいない。いたとしても超がつく少数派だった。

朝日新聞を読めば、従軍慰安婦はあまりにも気の毒な女性で、日本の補償もやむなしと思う。一方で、産経新聞を読んでみると「従軍慰安婦」はおらず、現地の売春業者が貧しい家の女性たちを集めて、慰安所で働かせて高額の報酬を払っていたと書いている。当時の小林は、産経の主張に「この新聞は軍国主義」と怒っている。評論家の呉智英に、主張が違いすぎて2紙を読んでいるとパニックになると話したところ、「んなもの商売でやってるのに決まってんじゃん」という一言を返され、これに驚く。

「なんだそりゃ？　こんな重大な問題を商売でやってるっていうのかよ？（中略）『朝日』の読者は反権力記事を好むから『国家謝罪せよ』って書くし…『産経』の読者は保守が多いから『商行為だ』って書く　それぞれ商売のために読者のニーズに合わせて書いてるだけだと？　そんな…むちゃくちゃな〜〜〜〜っ」（『新・ゴーマニズム宣言』3巻、小学館、97年）

そこで覚えた疑問を後半のページで描く。元慰安婦の証言を鵜呑みにできなくなったこと、「新聞やテレビで『証拠』なしの証言を延々と流すことに何か意義があるのだろうか？」、そして「（戦時中の）日本の女性にだって悲惨な過去はある」、「純粋まっすぐな若者たち　リベラルな大人たちは『語らぬ者』の上に今の正義ぶりっこできる生活があることを自覚してはどうか⁉」と疑問を続ける。

小林の回想――「もうよくわからないなぁということを書いたんだよね。本当に日本軍の犠牲者になったのかどうかがわからない。それで、とりあえず両論併記でいくかみたいな感じ。だから、とにかく投げかけてみて、読者はどんな反応をするのかなっていうぐらいの感覚かな」

出発点は慰安婦問題を起点にしたマスコミへの疑問、マスコミ批判だった。これが「ものすごい反響」を呼んだ。小林は読者から寄せられた賛否両輪を中心に一章分書いている。インターネット以前、最後のハガキ文化の時代だったせいか、事務所には膨大な量のハガキが届いた。

小林は「アジアを侵略したのは間違いない　これは居直って言うのではない　日本はこのことを原罪として背負っていかねばならない」「日本は侵略した事実は認めた上で『自国の歴史の検証』をやり直すべきである」「朝日新聞が正しいか？　産経新聞が正しいか？　慰安婦がホントに〝従軍〟なのか？　〝性奴隷〟なのか？　政治家の謝罪外交はこのままでいいのか？　我々で結論を出そう！」と書いている。

マスコミという権威に対抗するのは、小林のそれこそ一貫した姿勢であり、新聞の論調に疑問を持ったところから検証していくのはある意味で当然だろう。「SAPIO」誌上で朝日、産経両紙に問題の見解を問うたところ、産経は論説委員が対応したが、朝日は「紙面で掲載している通り」と回答してきた。彼は朝日の対応は「官僚答弁」と同じだと憤っている。

さらに小林は「強制連行なかった派が8割」「強制連行アリ謝罪すべし派が2割」だったという読者アンケートの結果を示し、なぜ世論と違うのかと畳み掛けるように問う。世論調査は統計学的に日本の縮図を作り、サンプルを抽出する。雑誌のアンケートは「読者」という時点でバイアスがかかってしまうので、調査としての正確性は世論調査に軍配が上がるというのが疑問への回答になるのだが、まだインターネットが普及する前の話である。こうした疑問にこそ「官僚答弁」でなく、真摯に答えるべきだったのに、リベラル系メディアは見下したような対応をしてしまった。

慰安婦問題を取り上げる小林に、左派系団体は抗議を送りつけ、朝日新聞などリベラル系メディアも批判のトーンを強めた。その中には慰安婦問題を取り上げた『ゴー宣』の単行本出版を取りやめるよう求めたものもあった。慰安婦問題を取り上げたところ、かつてないほどの反響を呼び、批判も殺到した『ゴー宣』は、同時に元日本軍兵士たちからの声も届くようになっていく。

「朝日新聞か産経新聞か、どっちが正しいかわからないっていう状態で研究していたわけ。まず一つ、おかしいなと思ったのは、祖父の世代の声が、もうなくなっちゃっているっていうことよね。
薬害エイズの時は、子供の気持ちに応えなきゃいけなかった。この時は、わしの祖父（元兵士だった）や祖父の代の元兵士や戦争の時代を生きたばあさんの気持ちに応えようってことだよね。手紙もたくさんきた。わしにとってみたら、そっちのほうが弱者に見えたっていうことだよ。だから、自分は代弁しなければならないというふうに思った」

彼の「情」の対象は「祖父の代」そして、「大東亜戦争」に従軍した日本人の「死者」へと向いていった。薬害エイズ運動以降、左派に疑問を投げかけ、運動を批判していた小林が「わからない」から取り上げた「慰安婦問題」は数カ月で問題を広げていた。そして、ほぼ同時期に藤岡と西尾が接触し、小林はつくる会へ参加していく。西尾たちからの呼びかけは「サイコーに痛快だった！」。子供たちに「反面教師」として「反・教科書」的な漫画を描いてきた「小林よしのり」が、新しい教科書を作ることになったからだ。小林は、新たな「権威」に立ち向かうことを決める。

「つまり、わしが『戦争論』とか描くことになっちゃった時代、歴史教科書をつくる会とかをやり始めた時代って、言論空間が左翼の時代ですよ。売れる本は左翼の本ばかりだったんだから」

「つまり、左翼が権威だったということですか？」

「そう権威だった」

4

ここまでの流れを整理するとこうなる。92年に薬害エイズ問題を初めて知った小林は、94年の年末以降、子供たちへの「情」から運動に強く関わるようになり、オウム事件と並行して漫画を描き続け、社会への発信を強めていった。彼の言動は若者を中心に強い影響力を持ち、学生たちを運動へといざなった。ところが、「個の連帯」だったはずの薬害エイズ問題は96年3月に和解という節目を迎えても、運動が解散することはなかった。

小林からすれば、すでに学生ができることは終わり、後はその道のプロに任せるという段階になっても学生は運動から離れず、日常に戻らなかった。彼はそれを批判したが、届かず、「純粋まっすぐ君」たちを動員する運動そのものが目的化する状態に陥った。それは「慰安婦問題」にも飛び火したように彼は感じられ、責任感から調べてみたところ朝日と産経で主張が真逆であることを知る。そこで生まれたマスコミ報道への疑問を漫画で描いたところ、大量のハガキが寄せられ、賛否が分かれる事態になった。

小林の疑問に朝日新聞はまともに回答せず、さらに左派からは批判が殺到した。そこに藤岡と西尾が声を掛け、95年の年末に戦争責任より薬害エイズをどう訴えるかに腐心していた小林は、わずか1年足らずで歴史認識問題のキープレーヤーになっていく。小林は「つくる会」運動について、「読者を運動に巻き込まない」と決めたと語っている。誌面でも彼は読者に「良き観客」でいるように求めていた。

「当事者意識を持ってデモをしたり、何か働いたりする必要は何もない。ただ、良き観客になって、わしがやることを見ておけばいいいと描いた」

彼にとって「観客」とは、一貫して「実は常識あるフツーの感覚の人々」である。「読者」＝普通の人々に対する絶対的な信頼と、自分こそがメッセージを彼らに届けられるというプロとしての自負もある。小林は自分の武器を「常識」という言葉で表現している。たとえ、素人であっても「常識」があれば社会問題を考え、判断することができる。メディアや知識人という「権威」の言いなりになる必要はない。それは、薬害エイズでも慰安婦問題でも同じことだ。「常識」への絶対的な信頼――。ここで小林と藤岡は共鳴する。

小林は常に自分の「常識」に基づき、考え、判断し、「情」で行動し、言論を押さえつけようとする権威と戦うという姿勢を変わらずにとってきた。右か左かに関係なく「王様は裸だ」と言い続けてきた。それを小林なりの義侠心と呼んでもいいだろう。

「『ゴーマニズム宣言』では、マスコミで〝差別語〟とされる言葉も、使わなければならない場合は使います。抗議がきたら対等に誌面の中でやり合えばいい。大切なのは作家性を鍛えること。筒井康隆さんは、マスコミの言葉狩りに抗議して断筆したが、自分は描くことによって戦いを始めたばかり」

『ゴー宣』が開始してまだ間もない、1993年9月22日付毎日新聞朝刊に掲載された小林の言葉である。変わったのはスタイルではなく、「情」をかける対象だ。慰安婦問題を取り上げて以降、『ゴー宣』は読者を減らしたという。小林が新しい読者層を開拓するのは、98年に代表作にして、一大問題作となった『戦争論』を出してからになる。

第四章 「一匹」の言葉――西尾幹二とその時代

1

「私たちのほうが人々の熱気に突き動かされていた。ほだされていた。あの熱気がわからないとつくる会はわからない」――。

2019年7月、東京・西荻窪駅前のレストランでインタビューに応じた西尾幹二は、「人々の熱気」をどうしても伝えたいと話し始めた。杖をつき、病気を患った後ということだったが、口調は明快であり、保守や革新というイデオロギーは何も信じていないと断言する姿には、ニーチェ研究で知られるドイツ文学者としての矜持を感じることができた。すでにつくる会からは退いたが、今も国書刊行会から全22巻の全集出版など、日々原稿と向き合っている。

西尾幹二

最近の西尾は右派論壇に集う「安倍さん大好き人間」を批判し、さらに――より右派の立場からではあるが――安倍政権への反対姿勢も明確にし、「国土の深傷」を負わせた原発事故に向き合い「脱原発」を主張している。

2017年1月29日、つくる会発足から20年を記念した集会で西尾がこんな発言をしている。少し長くなるが、重要な発言なので引用しておこう。現在の右派論壇に対する本質的な批判だからだ。

「最近ではジャパンファーストの歴史論は別のいろいろな形で次々とどぎつい姿で出版されています。たとえば、日米戦争で悪かったのは日本ではなくアメリカのほうだった、という言い方が最近はやりになりだして、それにイギリス人ジャーナリストやアメリカ人学者が動員され、参加しています。中国や韓国を批判するのに中国人や韓国人を登場させるあざとい商法が、欧米人にまで応用されだしていることに私は驚くとともに、隔世の感を抱いています。

他方また、東南アジアでわが国の将兵が残留し、現地解放の任を果たしたことはよく知られていません。比較的若い世代のなかに、この事実をあらためて調査し、感謝してくださる現地の人々のストーリーを日本に紹介している方がいます。われわれが勇気づけられるありがたいお仕事ですが、十六世紀のスペインやポルトガルの劫掠《ごうりゃく》以後の、あの地の仮借ない歴史が総合的に反映されていないので、なんとはなく不足感を感じさせられます。

日本を主張することと日本を褒めることとは別です。中国や韓国がなぜいつまでも日本のように近代文明を手に入れることができないのかを、単に自国を自慢するために説きたてるのだとしたら、その本の魅力は初めから半分失われていま す。

（中略）

最近メディアに登場している日本万歳論を取り上げてみました。どの本も力作ですが、なんとなくムード的です。理論を欠いています。歴史とは何かを問う哲学的思索に裏付けされていません。日本は素晴らしいという、漠然とした情緒に

乗せられています。これではだめなのです。長持ちしません」（『保守の真贋』徳間書店、17年）

その言葉は、そのまま西尾の思想と行動の原点として読むことができる。アカデミズムの世界の中では、マイノリティーの保守派論壇人だった西尾だが、つくる会を通じて、彼は歴史とは何かを問い、哲学的思索を深め、情緒に流されない理論を構築しようと試みたことは間違いない。西尾幹二とはどのような言論人なのか。ヒントになるエピソードがある。

西尾はインタビューの直前に開かれたという東大の同窓会での逸話を披露してくれた。マックス・ウェーバー研究で知られる同級生の折原浩が西尾を評して、「西尾君は一筋、『民族』というものにこだわってきた。私は違う。私は『階級』にこだわってきた」と言ったというものだ。それに悪い気はしなかったと話す。

もう一つ、西尾がインタビューの冒頭でこんなことを語っている。

「子供の時に学問を目指して、何かしようと思ったら、必ず誰でも人生の目標、目的というものをどこかに設定するわけですが、私が20歳前後で書いた文章の中にこんな言葉があります。『学問それ自体は人生の目的たり得ない。学問はそれ以上の真理へ至るための一つの手段である』。これはたぶん、若い頃のニーチェ論か何かに託して言っているものだと思います。私の論文の中の言葉です。私はまだ学問の戸口に立ったばかりでした。

そこで、人生の目的は学問とは別にある。だけれども、私は学問を入り口に考えている。そこには矛盾があるんです。常に矛盾は意識していました。だから、人生の本当の目的は何だろうかというのを考えてきたわけですが、84歳になった今もまだわかりません。でも、矛盾を信じて生きてきたのは間違いない」

西尾は民族にこだわる学問人として、その生涯を生きてきた。学問人として「今、書いているものが最後の著作になるかもしれない」という時期に差し掛かる。そんな彼にとって、「つくる会」運動とは何だったのか。

2

西尾の生まれは当時の東京府である。「明治の文学少女」だった母親に感化され、幼少期から大学に通うのならば、文学部に行こうと決めていた。子供の時になりたかったのは詩人か哲学者で、今のような論客としての人生を送るというのは全く考えていなかった。小学4年から6年にかけて、彼は茨城県・水戸市で疎開生活を送っている。当時の夢は「憎き米英」を倒すために、特攻隊員になることだった。

西尾は小学生時代から中学生時代にかけて日記をつけており、当時の作文なども残っていた。ここに戦時下の日常や感情の動きを記している。それらを元に記した『西尾幹二全集　第15巻　少年記』（国書刊行会、16年）を読むと、少年は少年なりに、自分の目であらゆるものを見て、自分の頭で物事を考えていることがよくわかる。

特に印象的なのは10歳で迎えた敗戦前後の描写だ。西尾の文章に、例えば手塚治虫の漫画に見られるような「8月15日」の解放感はない。彼の目に映ったのは、なんのために我が家は苦労してきたのかと嘆き、夜になると縁側で涙を流す母親の姿であり、徒労感や虚脱感、さらに自分たちの生活がどうなるのかという不安であった。

近くに住む老人は「天皇陛下は一億玉砕してほしいとわしらに言うのだとばかり思っていた。どうして最後まで竹槍で戦うように命じて下さらなかったのか」と嘆いていた。農民たちは稲を未成熟のまま刈り入れ、牛や馬を次々と川の上流で処分し、下流は血の色で染まった。肉は村中に分配された。常識では考えられないような異常な行動が各地で起きているように、西尾少年には感じられた。

その後、メディアを通して語られる戦争体験はなぜか「戦争中というものは暗く、苦しい、戦争が終れば明るく、楽しい」という物語ばかりで、むしろ戦争が終わった時代にこそ人々は言葉にできない「不安」と「恐怖」を感じていたという話はなかったことにされた。西尾の母が8月15日の夜に見た月を全く綺麗だと思えなかったという感情もなかったことにされた。それは「欺瞞」であると、と西尾は考えている。

「あんないい加減な、解放されてうれしくてしょうがないみたいな話があるのか。そんな馬鹿なことはないと思っていました。当時の日本人はやっぱり不安だったんです。総理大臣から末端まで、自分自身がわからなかったんです。明日どうなるか、これからどうなるか」

1948年、中学時代のエピソードも実に興味深い。6月10日の5時間目のことだ。当時の担任が偉人をテーマに授業をする。そこで、西尾は豊臣秀吉を偉人だと答えた。小学生が戦国時代の武将を挙げること自体は珍しいことでもなんでもない。だが、担任はこれを頭から否定した。

「西尾、お前は秀吉がどういう人間か知っているのか。秀吉は独裁者じゃないか。民主主義的な人物ではない。偉人のなかに入れてよいのだろうか」(同)

この一言に、西尾は懸命に反論する。

「僕は秀吉の持つある精神が立派だと思うからいいと言ったのです。民主主義だからどうとか、封建主義だからどうとかいうのではなく、そういう〈主義〉は関係ないと思います。(中略)封建時代の人間は封建主義が正しいと思いこんでいたのですから、その時代の偉人だったらずっと後でも偉人としておいてよいのだと思います。民主主義だって現代は最上主義とされていても、後にはどうなるか分りません」(同)

彼は民主主義そのものを否定しているわけではない。民主主義を絶対的な道徳の基準として教えることへの疑問を投げかけているのだ。後々「つくる会」で主張することと、根底ではつながっている反論である。ここで、民主主義が素晴らしいと言えば問題なく学校生活を送れたかもしれないが、西尾は教員に真正面から論争を挑んだ。「10代」の感覚を忘れずに反論した西尾の言葉を、同世代の文学者たちと比較してみよう。

例えば同じ年に生まれ、「つくる会」を批判したノーベル文学賞作家の大江健三郎が「同時代」を振り返っている（朝日新聞95年4月26日付夕刊）。大江が語る「民主主義」に対する絶対的なオプティミズムは、やはり一つの時代観を象徴している。

「僕は四国の森の中に生まれた。戦争というより戦場が怖くて、天皇の命令というこことに悪夢のように脅かされ、しかも天皇にあこがれていて、そのために死にたいと思っている、そういう少年だった。

十歳になると戦争が終わって、民主主義という新しい万能薬のような考え方が与えられた。ジープに乗ってきた兵隊がチョコレートをくれる。僕は怖くて最後に近寄ると、本を投げてくれた。それが英語の詩のアンソロジーでね。わからないなりにイェーツとか新しい詩人のトム・ガンとかの名前を覚えましたよ。世界が新しくなったんです。

民主主義って、自分のことは自分で決める、ってことだといわれた。自発的、というのが大切だと。国のことも、自分の一生のことも。村から離れていってもいい、と先生に教わって、それで僕は東京に行くことにした。

（中略）東京都知事に青島さんが当選し横山ノックさんが大阪府知事に当選すると、翌朝、そう快な気持ちで目が覚めました。あれ、民主主義なんですよ。

戦後民主主義が僕の生き方の原理だと言うと偉そうに響きますけど、民主主義が好きなわけですね。民主主義的でないものは嫌いなわけです。

それは少数派でないのじゃないかな」（同）

大江のそれは、一般に広がっている「戦後」の原風景に近い体験談だろう。もう一人、同年代の作家である井上ひさしはこう語っている（朝日新聞97年5月6日付夕刊）。井上は死なずにすんだことをまずもって歓迎し、それを憲法につなげて語る。

「戦争が終わったのが小学校五年生ですからね。それまでとその後が、あまりに違う。まず、大人の言うことは絶対、またすでにあることも信用しない。大江健三郎さんも筒井康隆さんも同じかなと思いますけれども。もう一つは世の中ってこんなに変わるんだなという実感があります。
（中略）二十歳前後で死ぬ運命を、いろんなものが変えてくれたんですが、その象徴が憲法だった。もっといえば、戦争で亡くなった命が何十万、何百万、何千万と積み重なって世の中が変わった。そのたくさんの命の総代が憲法なんですね。だから憲法がひとしおますます大事というか」（同）

こうした感覚は同世代でありながら、西尾には全くと言っていいくらいにない。戦争体験、敗戦の受け止め方というのは、個々人の生活体験や実感、経験が大きな決め手となって形成されていく。西尾の原点は、「戦後」あるいは「戦後民主主義」という言葉が持っているイメージには内包されない経験ではあったが、彼の原点ともいうべき、紛れもない絶対的な経験だったように思える。

3

当初から文学部に進むと決めていた西尾は、その思いを叶え、東京大学に進学する。

「もう今は言わないかもしれないけど、文学、哲学、歴史学っていうのは、哲史文といって、昔から学問の本流だったんです。教養主義っていうのは私たちの時代はまだありました。本流をきちんと知らないといけないということで、歴史全集や文学全集を全部読むんだと。当時はそういう愚論が流行っていまして、私も各出版社が出している全集を片っ端から買ってきて、読みました」

西尾はドイツ文学を専攻していくことになるのだが、選択にそこまで深い意味はなかったという。哲学を専攻したいと思ったが、日本の哲学者の文章は、悪文ばかりで彼の心を揺さぶるものはなかった。一方で少年時代から詩なども書いていたので、文学にも惹かれていた。結局、「哲学と文学のほぼ中間」のことが勉強できるのではないかという直感の元に、ドイツ文学を選ぶ。専攻そのものは消極的な動機かつ偶然、選んだものではあったが、研究テーマは自覚的に選んだ。彼の人生に大きな影響を与えたニーチェの哲学である。西尾はまさに文学と哲学のほぼ中間を学ぶことになった。

「ニーチェを勉強していると、ありとあらゆるテーマが全部自分のところに近づいてくるんですよ。信仰と自由、神話と歴史、現実と幻想……。そういう対立、思想のタームがすべてニーチェの中にあるんですね。勉強をしながらいろんなものが見えてきたような気がするんです。ニーチェは非常に広いんですよね。いろんなことを勉強しないといけない」

学究を深めていく西尾は60年安保を東大院生として冷ややかに――本人の言葉を借りれば「冷笑的」に――眺めていた。西尾が当時、影響を受けていたのは小林秀雄であり、福田恆存であり、ニーチェだった。福田とは、静岡大学で講師を務めていた60年代前半に静岡に住んでいた福田の弟子筋を介して会うことになり、以降、生涯の師となる。

同時期に書かれた西尾のニーチェ論は学会での評価も高く、63年5月には「ニーチェと学問」「ニーチェの言語観」「論争と言語」という三篇の論文で、ドイツ語学文学振興会賞を受賞し、その副賞でミュンヘン大学客員助手としての留学の資格が与えられた。ちなみに中央公論（当時）から刊行された『世界の名著』シリーズに収められた『ニーチェ』の巻で、『悲劇の誕生』を翻訳したのは当時30歳の西尾である。副賞の留学期間は65～67年にかけての2年間だった。

「あんまり真面目な学生ではなかったですね。別に学会に認められるためにニーチェを研究しているわけじゃないから。森鷗外や、夏目漱石や永井荷風の文明論に比して、ヨーロッパというものを見に行って、自分の文化意識を追究するのが目的だった。念頭にあったのは漱石や鷗外であり、日本のドイツ文学者ではないのです」

こうした問題意識の中、西ドイツ留学を元に書いたデビュー評論『ヨーロッパ像の転換』（新潮選書、69年）を三島由紀夫が激賞した。「文藝春秋」元編集長で、三島と交流があった堤堯《つつみぎょう》が、三島の献辞を紹介している（『西尾幹二全集　月報18』国書刊行会、17年）。

「西欧と日本との間にある永遠の憧れを以て漂白する古い型の日本知識人を脱却

して、西欧の魂を、その深みから、その泥沼から、その血みどろの闇から、摑み出すことに毫《ごう》も躊躇しない、新しい日本人の代表である」

まだ世に全く知られていない若き西尾を三島が「新しい日本人」と評したのは、どこかで自分と似た感性を感じ取ったからだろう。西ドイツから帰国後、68年秋に西尾は三島の自宅を訪ねている。彼は西尾にビールを注ぎ、海外文学について意見を求めながら、夕食後に当時流行していた「ゴーゴー」を踊りに行こうと、夜の東京へと繰り出した（『西尾幹二全集　第2巻　悲劇人の姿勢』国書刊行会、12年）。70年に「三島事件」により、割腹自殺を遂げる2年前のことである。

西尾は文芸誌「新潮」を中心に、文芸評論家としての仕事を増やしていく。当時の批評に、鋭い感性が宿っていたことは誰もが認めるところだ。一流の文芸編集者が彼の文章を評価した。その証左に、三島の死という衝撃的な事件を受けて、「新潮」編集部は他ならぬ西尾に三島論を依頼している。締め切りまでわずか2週間で書き上げた「不自由への情熱」である。

11月25日、当時、静岡大学に勤めていた西尾はたまたま東京の実家に戻っており、そこで三島事件のニュースを見た。あまりの衝撃に膝が震え、立っていられなかった。

当時の政治状況は70年安保を前に学生運動が盛り上がっていた——と語られがちだが、それは違う。佐藤栄作内閣は69年12月の総選挙で自民党を圧勝に導き、逆に社会党は大敗を喫した。やっと政治に安定が戻ってきたと言われた時代だった。その頃の西尾は保守系論壇人としても活躍し、安保闘争で学生に味方をするように装いながら、一転して学生を裏切るような論調を繰り出す大学教員たちを左右問わずに批判していた。

自分は「三島さんとこの点で怒りを共有して生きていると当時信じて」いたが、三島はあそこまでの行動に踏み切った。大学教員の批判を書いているだけで満足している知識人とは違うのだ、と見せつけるような三島の行動に、愕然とした。西尾は、三島の覚悟を真正面から受け止めた言論人だった。事件を、他人事として流せなかった。「不自由への情熱」など、西尾の三島論の特徴を私の言葉で整理するとこうなる。三島の行動を単なる文学的な問題——言い換えれば作家の内面的な問題——として片付けず、あるいは政治的イデオロギーの問題だけで短絡的に論じるのでもなく、社会的な時代の変化と文学が交錯する一点を冷徹に見極めようとしていたこと。進歩主義的文化人全盛の時代の中で、西尾は知識人のマジョリティーたちが重視する「自由」とは何か、本当に自由でありさえすればいいのかと問う。それは福田恆存直系の保守派論壇人の姿勢でもある。

「日本が次第に繁栄に向かい、海外の情報などが珍しいものではなくなり、世界全体が無機化し、コカコーラとなるにつれ、青年の心理が動揺し始めた」（「不自由への情熱」）

西尾がここで論じているのは、グローバリゼーションの萌芽だ。世界はグローバル化によって、より「自由」になり、実際に解放が進んできた。しかし、それによって、人間は本当に自由になっているか。彼は「あらゆることが許され、解放されている自由な世界では、自由であることが最大の不自由である」という逆説があると指摘する。人は単に自由であることには満足しない。自由であればあるほど、次の自由を求めるが、結局のところ、そこには際限がない。では、自由の逆説は三島の自己破壊的な死とどうつながるのか。

西尾は三島の遺作『豊饒の海』（新潮社、69〜71年）を「自由」の逆説という視点から読む。この小説は、四巻構成でテーマは輪廻転生である。各巻の主人公は第一巻の主人公・松枝清顕の生まれ変わりで、いずれも二十歳前後で死ぬ。松枝が主人公の「春の雪」の舞台は明治だが、西尾はここに70年前後の過激な政治思想に染まっていく学生たちと同じような心理を読み解く。松枝の物語はある女性との悲恋なのだが、彼の恋愛はうまくやろうと思えば成就できるはずなのに、「不必要に、自ら不自由を求めている」からだ。

自由であるはずなのに満たされず、わざと「違反に違反を重ね、自分をますます強い禁止の方向へ、不自由の方向へ追いこむことに自由の情熱を燃やす悲劇のパラドックス」が松枝にもある。自由であるがゆえに禁止や違反に向かっていくのが60年代〜70年代の破壊衝動だ。三島は明治時代の話を描きながら、同時代＝現在とリンクするような「青年の心理の動揺」を書いていたと西尾は論じる。

その頃、流布していた「三島氏は自分自身が分らなくなった」から自殺したという論に西尾は疑問を投げかける。ここまで時代を描けてしまった三島が、果たして、そんな単純な動機で最期を迎えるのだろうか。そうではないだろう。むしろ三島は自分が「分らなくなる状況がついに来ず、日本の平穏無事な状況がもはや自分の文学を支える何ものにもなりそうもないことが分って」しまったことに「絶望」した。そして、あの事件につながったというのが西尾の批評だ。

30代半ばで迎えた三島の死からしばらくの間、西尾は政治や社会を語ることをやめ、大作のニーチェ論やショーペンハウアーの翻訳に取り組んでいる。三島の死はそれほどまでに衝撃だったのだ。仕事を通じて徐々に気持ちの安定を取り戻し、文芸批評の世界では80年代に共同通信で文壇時評を担当し、フィールドを政治評論にも広げていった。狭いアカデミズムの世界にとどまらず、旺盛に執筆していくことになる。西尾は右派系の論壇人と評されることも多いが、そのベースはアカデミズムにあり、文芸批評、もう少し踏み込むと「人間観」にある。ここで西尾が関わった個別の論争にまでは踏み込まない。1963年、若かりし西尾が高知新聞に寄せた印象的な福田論を紹介しておこう。

「福田恆存氏には『職業』というものがない。文芸批評家、社会評論家、演出家、劇作家、翻訳家、思想家、文明批評家、言語哲学者——氏はこれらのすべてであって、そのいずれでもない。『そのいずれでもない』というところが大事なのだ」（「夏季大学講師の横顔——福田恆存先生」）

福田の言論活動は、狭い職業の枠を悠々と飛び越えて、「福田」という一人の人間として言葉を残そうとしている。そこへの理解を呼びかける一文が冒頭に掲げられていた。この「いずれでもない」ことの大切さは、学問の道を志した西尾の憧れであり、一つの道標であったように思える。

西尾もまたドイツ文学者、哲学者、文芸批評家、政治評論家、文明批評家、翻訳家、そしてつくる会会長として著作を書き続けたが「これらのすべてであって、そのいずれでもない」というのが彼の理想だったのだろう。「家」や「者」にカテゴライズされない言論への憧れは、若い時代の一文にはっきりと刻まれている。

4

そんな西尾が、「つくる会」運動にのめり込んでいくきっかけになったのが、藤岡信勝の誘いだった。その時も、会長を務めるとは全く想定していなかった。

「藤岡がやってきて資料を見せられた時に、私も怒りましたよ。ただね、私はもう、あまり政治には近づきたくないと思っていました。もう政治絡みの争いは嫌だったのですが、ここまできたらやらなきゃならないかなと。会長はやる気はなかったですよ。他にも親分として担ぐには適任者がいましたからね」

藤岡と西尾は、江藤淳ら右派系論客の「大物」に会長職を打診している。第一級の文芸批評家として地位を確立し、保守派の顔ともいうべき存在感があった江藤は、2人の打診を即座に断っている。当時、大学の仕事に加え、日本文藝家協会理事長など要職についていた江藤が、これ以上の仕事を増やすことはできないと考えるのは自然な流れだった。他に打診した人たちにも断られ、最終的に西尾が一番年上だからという理由で引き受けることになる。

「私にはたかが教科書、されど教科書くらいの気持ちしかなかった。運動からも縁が遠い人間であることは、あなたもわかるでしょう。当時、私を黙って支持していた保守的な普通の読者、『文明論』や『文化論』を愛読していた人は、西尾はついにここまで落ちたかなんていうふうに思ったでしょう。でも、あの時代に誰かがやる必要はあったんです。藤岡も熱心だし、まぁ仕方ないと引き受けたわけです。そうしたら、すごい熱気で……」

西尾と藤岡は運動をつくるという意味では足並みをそろえていたが、しかし、歴史への考え方、捉え方は全く違っていた。

1996年8月10日、山形・蔵王温泉――。「自由主義史観研究会」初の全国大会が二日間の日程で開かれた。西尾は目玉ゲストで「日本近代史の『連続』と『不連続』――藤岡信勝氏の『近現代史教育の改革』を読んで」と題した基調講演をした。大会中に、藤岡と西尾は肝心の「司馬史観」について、かなり本質的な議論を交わしている。

藤岡が歴史を考える基準としていた司馬遼太郎の考え方の基本は、明治維新から日清・日露戦争までは日本に健全なナショナリズムがあったが、昭和期の日本は道を誤ったというものだ。西尾はこれを善悪という道徳基準から歴史を捉える行為ではないか、あまりに単純なものの見方ではないかと批判した。西尾は「新潮」96年6月号にも、「便利すぎる歴史観」という短いエッセイを書いている（『西尾幹二全集　第9巻文学評論』所収、国書刊行会、14年）。エッセイで批判していることも、蔵王の議論と骨子は同じだ。

「歴史が一民族にとってあるときまで素晴しく、あるときから汚辱に満ち、愚劣をきわめたという言い方は現代日本人の欲求から出た単なる願望の反映で、問題解決よりも解決策を、問題そのものよりも答を先に求めている心の弱さの現われではないのか、そういう疑問が強く浮かんでくるのである。つまり、便利すぎる歴史観なので胡散臭い、という疑問なのだ」（「便利すぎる歴史観」）

小・中学生を対象に教室で語る歴史を想定した藤岡に対して、日本人の歴史観そのものを問い直したいと考えた西尾の違いは明らかだった。蔵王温泉の議論は、「つくる会」そのものが思想的なレベルで足並みは揃っていなかったことを端的に示している。この議論を聞いていた記者や教員はどう思ったかはわからないが、その後の波乱を予感させるには十分な事実は、初期の段階で出揃っていた。

福田恆存の代表的な評論に「政治と文学」を論じた、「一匹と九十九匹と」がある。善き政治であれ、悪しき政治であれ、政治である以上、そこには「失せたる一匹」が存在する。政治で救いきれない失せたる一匹を救うことにこそ、文学の力、本分があると福田は主張していた。「文学者たるものはおのれ自身のうちにこの一匹の失意と疑惑と苦痛と迷ひとを体感してゐなければならない」（『福田恆存評論集　第一巻　一匹と九十九匹と』麗澤大学出版会、09年）――。

西尾は、当時のインテリの中で多数派だった「明るい戦後」論に対し、「失意と疑惑と苦痛と迷い」を持っていた「一匹」だった。「一匹」を内に持ち続けたまま、学問の道に入った言論人だった。

湾岸戦争のショックから転身した藤岡、純粋にマスコミの報道がおかしいと思った小林よしのりとは全く違って長年、保守論壇で活動していた実績が彼にはあった。全く別々だった3人の人生は96年に折り重なり、12月2日の記者会見に向けて、動き出していく。

第五章　分水嶺――『戦争論』が残したもの

1

1996年12月2日――。東京・旧赤坂東急ホテルで開かれた「新しい歴史教科書をつくる会」の記者会見は、2つの意味で異例だった。第一に、記者会見そのものが異例の注目を集めたことだ。小林よしのりが『新・ゴーマニズム宣言』で告知をした効果もあり、集まった記者の数は100人をゆうに超えていた。第二に注目の高さに反比例し、報じるニュースの扱いが異例の小ささになったことだ。

藤岡信勝ら自由主義史観研究会が連載を担当し、ベストセラーを生み出したこともあって産経は大々的に報じたが、朝日新聞はわずか236字、毎日新聞も196字で報じたに過ぎなかった。リベラル系メディアは新しい右派運動の潮流というニュースバリューを完全に見誤っていた。

小林よしのりは、自身に送られてきた大量の手紙を会見場に持ち込み、机の上に広げた。さらに慰安所への軍関与を報じた朝日新聞の記事を印刷したパネルを掲げ、「根拠がない資料を読んでみたら、全く違ったことが書いてあった」「資料を自分で判断し、間違ったら引き返す」必要があること、さらに厚生省もＨＩＶが混入した非加熱製剤を回収しなかった、と薬害エイズ問題を引き合いに出して報道の問題点を語った。

会見で朝日新聞の記者が「これは『強制連行』を否定するための会なのか」と激しい口調で迫る一幕があった。西尾によれば、リベラル系メディアから「政府検定が通った教科書に異論があるから、記述の削除を要求するのか」という趣旨の質問も飛んできた。西尾は「政府が検定したものの批判をしてはいけないというなら民主主義はどうなってしまうのか。皆さんは民主主義をつねづね唱えているはずだ」と反論した。

ここだけを抜き出すと論争的にも見えるが、当時の報道（例えば読売新聞96年12月11日付夕刊）を読む限り、記者会見では、建設的な議論に発展しそうな論点も提示されていた。坂本多加雄は教科書づくりの指針について、こんなことを言っている。

（1）日本の過去を見る視点をできるだけ多様化する
（2）国内史における、従来の支配・非支配、権力・民衆という図式を見直す
（3）批判や弁護という姿勢ではなく、過去の人々に対する共感を通して英知をくみ取る
（4）外国とりわけ近隣諸国の歴史をより詳しく紹介し、内在的理解に努める

さらに藤岡は「できれば、現行の教科書の執筆者、出版社や文部省の担当者らと討議する機会も持ちたい」との提案も示していた。だが、こうした対話の接点になりそうな訴えは、右派系メディア上ではほぼ取り上げられることなく、彼らは慰安婦問題を最大の争点に、右派系メディアは「頼もしい改革派」然として一挙手一投足を報じ、リベラル系メディアは「日本版歴史修正主義」とみなす定型的な批判もしくは扱いを小さくすることに終始した。「新しいとは名ばかりの復古調」「戦前の歴史観と同じだ」と繰り返された批判はどれだけ正しくても、彼らの養分にしかならなかった。

特に「歴史修正主義」という批判は、リベラル派・左派からすれば切り札的な一言だったのかもしれないが、彼らは単なるレッテル貼り程度にしか思っていなかった。

自らを歴史修正主義者だと思ったことはあるかと藤岡に聞いた。

「全然、そんな風には思いません。アメリカの研究者が調査で来た時も、同じような質問を受けて、こう答えています。Revisionistとは何かを定義して話してほしい。私の考えでは、その言葉には二つの意味がある。ナチスのホロコーストを否定するRevisionistという意味なら、それは断固拒否します。私は違う。

Revisionistのrevisionっていうのは名詞です。関連した言葉に、reviseという動詞があります。reviseは、今まで書いたものを改訂するという意味です。私は、歴史は書き換えられなきゃいけないと思っている。主な条件は新しい史料が出てくる、もしくは研究の進展によって史料の解釈が変わるかです。根拠を元に書き換えるのは歴史家の仕事なんですよ。私は、歴史家ではないけれど、歴史家は後者の意味で、Revisionistでなければいけないと思っています」

左派は「既存の教科書を守る」姿勢を打ち出し、つくる会は「自虐史観を改革」する姿勢を打ち出した。教科書問題をめぐる構図は、かつては左派が「攻」で、文部省が「守」だった。

いつもの構図は、96年に逆転する。左派が教科書を「守」る側に回り、右派が「攻撃」する側に変わった。そもそも「つくる会」側には、教育界の圧倒的多数派は朝日新聞・岩波書店の影響下にあり、自分たちは超がつくマイノリティーという自己認識がある。先に挙げた記者の姿勢、質問は「体制派」からのプレッシャーが可視化されたように見えただろう。

翌日の報道で、産経以外はほぼ黙殺だったこともこうした認識に拍車をかけた。小林は「タブーがあるのだ!! 真のジャーナリズムはこの国にはなかったのか!?」とさらにマスメディアの不信感を募らせ、怒りを作品の原動力に変えている。

この時代にSNSがあれば、会見そのものが可視化され、「マスゴミ」批判が沸き起こったことは想像に難くない。とはいえ、時代はまだインターネット黎明期である。メディアは黙殺し、保守系言論人も「教科書なんて変えても意味がない」などと高を括って彼らの活動を冷笑的に眺めていた。小林は一部の保守派から「ならば大東亜戦争を肯定せよ」と言われたと回想している。彼らからすれば嘲笑のネタ、あるいは小林を挑発してみせただけだったかもしれないが、これが後述する『戦争論』の布石になっていく。

産経新聞や系列の「正論」といった右派系論壇誌、小林が連載を持っていた「SA

ＰＩＯ」といった一部メディアは問題を精力的に取り上げていたが、まだ文字通り一部にとどまっていた。

一部とは言えつくる会と歩調をあわせるメディアがあったことは事実だが、当時の雑誌を読んでみると、比較的どころか相応に実直な作りになっていることもまた事実だ。異論にも一定配慮して、雑誌内で戦わせるというのが基本的な姿勢だった。

注目すべきは「ＴＨＩＳ ＩＳ 読売」である。ここで藤岡は、自由主義史観研究会に対し、批判的な立場をとってきた歴史学者、吉田裕と対論している。中身はすれ違いも目立っているが、歴史教科書や歴史教育は改善が必要である、という点においては一致点を見出している。読売新聞の論壇担当記者、小林敬和は「『東京裁判』の評価や『従軍慰安婦』問題に関する、両氏の見解は当然ながら異なったものだ。しかし、ニュアンスの違いはあれ、現在の歴史教科書、歴史教育に不満がある点では共通している。つまり、もっと多種多様な教科書があってもいいし、歴史の様々な側面を見ていかなくてはいけないというわけだ」（読売新聞97年2月27日付夕刊）と評した。

政治的なスタンスの違いはあるだろうが、建設的な議論に発展させていくことができる萌芽は残っていた。では、それを潰したのは誰か。民俗学者の赤坂憲雄はつくる会を「運動のつねではあれ、危機を煽る言説の群れには幻滅した。新しい日本の歴史など、夢想のかなたでしかない」と批判しながら、彼らに反対する側の言葉に対しては「さらに硬直化した物言いが目立つ」と一段厳しく批判している。

「あの苛立ちの渦に向かって、人権や正義の御旗を振りかざすことに、いかなる現在と拮抗する力が宿されているか。反体制や反権力がそのままに善と信じられた時代は、とうの昔に過ぎ去った。人権や正義を盾に取った暴露的な告発には、ときに荒涼とした、ある種やりきれなさを感じる」（朝日新聞97年8月24日付朝刊）

正しさを前面的に押し出したレッテル貼りは、反対する側の苛立ちを募らせるだけの結果となり、対立はより極化していく。その結果、彼らに対して定型的な「批判」を繰り返せばいいと考えていたリベラル・左派メディア人、「冷笑」すればいいと考えていた保守系言論人が取りこぼしていった人たちの支持を、つくる会は獲得していくことになる。メディアの世界に生きるインテリたちには見えていなかった人々、最も縁遠い人々――。

「普通の人々」の存在である。

2

97年3月31日、東京・新宿「朝日生命ホール」――。「つくる会」の設立シンポジウム「『自虐史観』を超えて」が開かれた。その時点で、会員数は1700人を超えていた。シンポジウムの応募総数は会場キャパシティ約700人の2倍に迫る1200人超である。これまでの右派運動ではまず姿を見ることがない「普通の人々」が集まった。開場前から、若い世代も含めて列を作った。

これだけメディアから批判が殺到している中で、しかも社会問題のシンポジウムでこれだけの人が集まるなど誰が想像できたか。彼らもやや興奮気味だった。西尾は今振り返っても、あの時の熱気を超えるものはなかったという。

「この写真を見たらわかるでしょう（満員の観客で埋めつくされた当時のシンポジウムの写真）。自分たちの国を貶める卑劣な日本人、それに雷同するメディアや官僚の不作為への怒り……。

後は慰安婦問題の図版ですね。これを教科書から排除するという意識も強かった。

こんな話を中学生に教える理由はない。おかしいじゃないか、と」

告知は3月初旬に出たいくつかの月刊誌、そして『ゴー宣』くらいだった。当時、事務局長だった民俗学者の大月隆寛は驚きとともに応募者の聞き取りをしている（『新しい日本の歴史が始まる』幻冬舎、97年）。大月によると、つくる会のシンポジウムに申し込む年齢層のなかでゆるやかな山ができるのが、20代以下と50代以上だ。つまり、戦争体験者と若者が多い。前者は藤岡たちの『教科書が教えない歴史』のベストセラー化、後者は小林の『ゴーマニズム宣言』の効果があったのだろう。

大月はここで、初めて「普通の人々」というキーワードを使っている。鍵になったのが、若い世代の反応だ。97年当時の若者は現在＝2019～2020年では30代後半から40代に当たる。印象的なのは、男女ともに彼らは一様に小林よしのりファンなのだが、同時に祖父母の戦争体験に関心を示していることだ。子供時代に話を聞くことができなかったことへの後悔というほどまでは強くないが、しかし、心残りはあるように話している。彼らは小林に突き動かされるように、自分たちの過去への関心を高めていったのだろう。

小林は知識人――右派、左派を問わず――がどこかで持っている、「大衆への軽蔑心」を徹底して軽蔑している。彼はマス＝大衆（＝「普通の人々」）への信頼を絶対に崩さない。自分が漫画の世界でプロとして継続的にヒット作を生み出しているから、自分の言論がどこに届くかを徹底的に意識している。薬害エイズと同じように、普通の人々の常識を信じ、彼らを馬鹿にしないでメッセージを届ける姿勢を貫いている。

それが形になったのが、シンポジウムの「異様なまでの熱気」の正体だ。

「普通の人々」という言葉を使ってつくる会を分析したのは当時「中の人」だった大月が最初だが、その視点を後年、別の角度から深めたのが、歴史社会学者の小熊英二である。小熊は2003年に出版した『〈癒し〉のナショナリズム　草の根保守運動の実証研究』（慶應義塾大学出版会、03年）の中で、つくる会を「ポピュリズム型運動」と呼ぶ。同書に収録された98年12月発表の論考で、小熊はつくる会の動きをほぼ正確に予測し、つくる会を「生んだ土壌そのもの」が残り続けることへの注意を促している。当時、ゼミ生だった上野陽子による「つくる会　神奈川県支部」のフィールドワーク調査を元に、小熊―上野が着目したのも「普通の人々」の存在だ。

ここに百田尚樹現象とつくる会現象の共通点が浮かび上がってくる。ポピュリズムという言葉はよく「大衆迎合主義」と訳され、日本ではネガティブな記号となっている。「彼らはポピュリストだ」と言われて、喜ぶ人は少ないだろうし、おそらく中傷に近いニュアンスを感じるはずだ。こうした理解は正確とは言えない。

最近の政治学では「大衆迎合主義」という訳語を使うことはなく、「人民」ファーストであることを重視する。より本書の文脈に近づけていえば、「大衆ファースト主義」であり、大衆を「第一」に考え、支配層（例えばエリート、政治家、官僚、メディア）が独占している支配構造を打ち破れという反権威主義と言っていいだろう。彼らはエリートと対峙し、大衆からの人気＝ポピュラリティーを獲得する。

オランダの政治学者カス・ミュデらのポピュリズム論を参照してみよう。ポピュリズムとは何かという問いをめぐる学者たちの論争は続いてはいるが、ポピュリズムが「人民」の心に訴えること、「エリート」を糾弾する現象であることは概ね見解が一致しているとミュデらは指摘する。その上で、ポピュリズムをこのように定義する。


「社会が究極的に『汚れなき人民』対『腐敗したエリート』という敵対する二つの同質的な陣営に分かれると考え、政治とは人民の一般意志の表現であるべきだと論じる、中心の薄弱なイデオロギー」（カス・ミュデほか『ポピュリズム　デモクラシーの友と敵』白水社、18年）

腐敗したエリートに立ち向かうこと、そして中心の薄弱さ――。ここにポピュリズムの本質がある。彼らの主張は、右派であれ、リベラル・左派であれ、確固たる信念に基づく体系的かつ論理的な一貫性はなくていい。悪く言えば内部に矛盾を抱えたまま勢い頼みの運動に傾きやすく、良く言えば、融通無碍であり柔軟であるからこそダイナミズムを生み出すことができる。特に小林と百田は、「普通の人々」への絶対的な信頼をベースに「ポピュラリティー」を得た、第一級の「ポピュリスト」だ。

私は、小林と藤岡に共通してこんなことを聞いている。大衆にどう働きかけるかを重視した運動という意味で、大衆の存在を強く意識した運動として、初めて起きた右派側からのポピュリズム――ここで先に挙げた定義を説明した――運動が「教科書運動」なのではないか。両者とも当然ながら「ポピュリズム」という言葉そのものには、批判的ではあったが、その質問について否定することはなかった。

藤岡の見解――「ある程度、当たっていると思いますね。ポピュリズムという言葉に私は納得しないけれども、これまでの運動よりもターゲットを広げたということは言えるでしょう。国民に幅広く歴史というものを自分の問題として考えるような、いろんなきっかけを与えたと思っています。安倍（晋三）さんが最初に注目された教科書議連（「日本の前途と歴史教育を考える若手議員の会」）も97年発足でしたね。あの時代が大きな転換点となったとも思いますよ」

「下」からの右派運動の動きに対し、政治の側、つまり「上」からも呼応する動きが出たことを藤岡は懐かしそうな顔で振り返っていた。

小林の見解――「わしはずっと普通の人しか相手にしてないから。普通の人を相手に描いているわけで、知識人やエリート相手に描いてないじゃない。それは、もう変わらずにやってきた。それを普通のこととしてやってるだけで」

それを聞いて、私は重ねてこう訊ねた。「そこを、つくる会の人たちが取り込んでいった、もしくは小林さんが中に取り込まれていったという感覚はあるんですか」

「ない。そういうのはない。最初につくる会を始めた時から、彼らはそんなに効果があるとは夢にも思ってなかったんじゃないかな」

つくる会自体は実際のところ、いつ崩壊してもおかしくなかったが、大衆の熱気と増えていく会員数が彼らをつなぎとめていた。つくる会はシンポジウムをさらに重ねていく。

第二回「新しい歴史像を求めて」は、98年6月30日、東京・北区「北とぴあ」にて開催され、ここで小林に「よしりーん」と歓声が飛んでいる。99年1月17日に第三回シンポジウムを東京・千代田区の九段会館ホールで、さらに6月7日は初めての大阪開催も成功させた。年会費6000円の会員数がさらに増える中、彼らは西尾による教科書のパイロット版『国民の歴史』の刊行、2000年に文部省への検定申請を目指して、坂本多加雄を中心に歴史教科書、西部邁を中心に公民教科書を作成することを予告した。

彼らにも予測できなかったことがたった一つだけあった。盛り上がりのピークがまだまだ先にあったことだ。それは、98年夏に幻冬舎から小林が『戦争論』を出版して以降にやってくる。

『戦争論』――。後年、百田にも強く影響を与えた一冊である。同書の出版は、時代の分水嶺だった。

3

当時の時代状況を簡単に整理しておこう。95年に戦後50年を迎え、96年末につくる会が立ち上がり「歴史教科書問題」がクローズアップされた。その中で、97年最大のヒット作は妹尾河童の『少年H』（講談社、97年）だった。１９３０年生まれの妹尾による自伝的小説で、少年期に経験した戦争を彼の日常という目線から描くことで、上下巻に分かれた大作であるにもかかわらず、３００万部を超す記録的大ヒットと賞賛を浴びた。このヒットはリベラル派・左派に希望を与えた。

戦前の歴史観への回帰を主張する団体が現れる中で、戦争とは何かを伝える歴史の証言であり、名作であるという声も多かった。妹尾自身は憲法改正に明確に反対を表明した文化人である。毎日新聞（97年12月1日付夕刊）のインタビューにこんなことを言っている。

「すごい数の読者カードが来ていますが、年代別に並べると、60代だけが、少しだけ高い。これは僕と同年代ですから『そうだ、そうだ』と言いながら、読んでいる。でも、10代から90代まで、それぞれの山がだいたい同じ高さなんです。これは僕の今までの本になかったことですね」(同)

そのわずか1年後、98年に社会と論壇の話題を独占したのが『戦争論』である。日本長期信用銀行など銀行倒産が続き、年間自殺者数が前年よりも大幅に増えて3万人を超えた。不況という言葉がリアルに響き、「倫理観の欠如」という意味でモラルハザードが流行語になった。そんな年の出来事だ。

小林は元兵士の遺書や手紙などを読み込み、ホテルにこもって書き上げたという。当初、アジアへの侵略行為を認めていた小林は、「当時、左派が圧倒的に強かった言論状況を打破するために」、「大東亜戦争」を肯定してみせた。そして、「大東亜戦争」を戦った祖父たちの主張に「情」をかけて、戦場を描きながら、「個と公」の関係性を問い直した。反響はまず売上に現れた。増刷に次ぐ増刷で、小林は慰安婦問題で失った読者を一気に取り戻した。あらためて小林の言葉を記しておこう。

「『戦争論』以降、言論空間で何が変わったかといったら、左翼本が売れなくなった。わしが新しい市場を作ってしまったということだよね。右方面に。わしが、ブルドーザーでばあーっと地ならしして、はい、ここに市場ができましたっていう状態になった。そしたら左のほうの市場は、読者が寄り付かない状態になって、今も右に市場があるでしょう。

当時はそんな市場を計算して出していない。完全に右翼扱いされて、終わるかなと思っていた。そしたら増刷が次々とかかって、あっという間に何十万部になった」

小林自身も全く想定外の反響があった。発売直後の読者カードの分析が『新ゴー宣』に掲載されている。すぐに指摘できるのは妹尾と違い、読者が圧倒的に若いことだ。20代〜30代で大きな山ができて、10代と40代でその半分くらいの山ができる。

もう一つ、より客観的なデータも出しておこう。NHKが２０００年5月に実施した世論調査がある。NHKは１９３８年以前生まれ（大まかにいえば２０００年時点で62歳以上）を戦中・戦前世代、１９３９年〜１９５８年生まれを戦後世代（同じく42歳〜61歳）と59年以降（41歳以下）を戦無世代としてそれぞれに戦争観を聞いたものだ。『戦争論』の影響がよくわかるのが、考え方に影響を与えたメディアという質問だ。

99年5月に「2ちゃんねる（現5ちゃんねる）」ができたばかりだったが、インターネットを挙げた人は各世代で共通して0％だった。この時代、インターネットはなんら影響を与えるメディアではなかった。戦無世代の特徴は「学校の授業」「テレビ」「教科書」に加えて「アニメ・映画」、そして「漫画」の影響が高いことだ。

戦中・戦前世代で漫画を挙げたのは0％だが、戦無世代は6％である。『はだしのゲン』などいくつかブームになった戦争漫画はあるにせよ、この時代、戦争について書かれた漫画のなかで影響を与えたと言わしめるほど社会現象になったものは『戦争論』以外にない。

4

当時、批判が集中したのは、『日本国紀』と同様にＷＧＩＰ論、南京事件否定論、そして慰安婦問題といった右派的な歴史観だったが、そこは第一部でも分析したので繰り返さない。強調しておきたいのは、１９９８年も「批判」が全く空転していたことだ。

代表的なのは、小林を批判した朝日新聞の社説（98年12月8日付朝刊）である。戦争論には「今から五十数年前、日本は東アジア全域で戦争をした。相手は中国大陸の共産軍、国民党軍、アメリカ、オランダ、イギリスなどである。教科書に載っているように太平洋戦争といったら、アメリカとだけ戦ったような気がする」といった考えさせられる記述もあるが、もとはといえば日本の中国侵略がアメリカやイギリスとの対立、さらなる戦乱のもとになったと指摘する。

「そう思いつつ読み進むと、『戦争論』の記述は、いつの間にか変わる。『東アジアでも日本はアジア人と戦ったのではない。アジアを植民地化していた差別主義者・欧米人と戦った』『欧米白人帝国主義者どもとはいっぺんアジアのどこかの国が戦ってみせなきゃいけなかった』

そこで、得意のせりふ、『ごーまんかましてよかですか?』が登場する。『わしらも誇りにしようじゃないか。差別主義者の白人と戦った祖父を持つことを!』と。

相手にしていたはずの中国はどこに行ったのか。日本が植民地にしていた朝鮮半島もどこかに消えてしまう。ほかのアジアの人々はほとんど触れられもしない。

（中略）

こうした本が若者に読まれること自体は悪いことではない。それを機にさまざまな見方や主張を知り、日本の歩みを考える。吟味しながら読むと、この漫画で何が語られていないかもわかる。

するとし、聞きたくなるに違いない。『ごーまんかましてよかですか？　日本はアジアで何をしたのですか』と」（同）

ここで表明されているのは「正しく」読めば、小林の言っていることは間違いだらけであり、読者もそれに気がつくという主張に過ぎない。そして、最後の一言は手に取った読者をあまりにも馬鹿にしていると思われても仕方ないものだろう。歴史的事実を考えれば、小林の言っていることは、過去の「大東亜戦争肯定論」の焼き直しなのかもしれない。事実認定をすれば左派の言説が正しいのかもしれない。だが、こうした「事実」を並べるだけでは、なぜこれだけ若者に支持を広げて、論戦を巻き起こしているのかは全く説明できない。

単に漫画という表現技法を使ったというだけなら、批判する側が同じように漫画を描いたら、同じかそれ以上に売れて、若い世代に届くのだろうか。おそらく全く届かなかっただろう。今までの平和の語り方、歴史の語り方だけでは届かなくなってしまった現状をどう考えたらいいのか。こうした問題意識を共有していた批判は、当時もごく僅かだった。

小林は今でも『戦争論』は誤読されている、と言う。誤読には2つの意味がある。一つは、『戦争論』は「つくる会」とは全く関係なく書き始めた作品であること。そして歴史認識につながる問題も書いてはいるが、大きなテーマは「個」とは何か、「公」とは何かという問題意識であるということだ。小林自身の口から、なぜこの本が圧倒的な影響力を持ったのか、という分析を聞くことができた。

「ちょっと紙を貸してごらん」と言った小林に、ペンと一緒にノートを渡すと、さっと四象限の図を書いて返してくれた。縦軸に公と私、横軸に個と集団とある。

「薬害エイズとオウムとの戦いが同時期だったわけだよね。そこで、だんだんと運動にはまっていき、集団の中に溶け込んでいく左翼の感覚と、オウムの信者がオウムの集団の中に溶け込んでいくのが同じだとわしは思った。つまり、どちらも個をなくしていき、集団に溶け込んでいく」

小林は個のゾーンから、集団のゾーンに指を動かす。

「これは同じ現象じゃないかと思ったわけ。そこで日本人にとって、個というものがつくれるのだろうかというのが、わしの大きなテーマになっていく。集団に埋没しない『個』というのは何か。そこで『戦争論』を描く。

個と公が大きなテーマになって『戦争論』につながった。その時に過去の日本人、例えば、特攻隊は個をなくして、集団、日本軍の中に溶け込んで死んだっていうことなのか、それとも、個人として戦ったのかというのを考えるわけだよ。

日本は、もう負ける。負けるが、講和の条件を少しでもよく引き出せるのならば、自分の命も価値はあるだろうと考えて、命を投げ捨てた人は、わしは個が確立されていると思う。それは集団の中に埋没したんじゃないと。そして『私』に拘泥しているわけでもないと。公のために個を投げ捨てるっていう『個人主義』の感覚だと思う。そこを『戦争論』の中では問い直すわけじゃない」

小林がもう一つ、「当時は言語化できていなかったが、今ならこういう言葉で語りたい」と切り出したのが、G・K・チェスタトンの「死者の民主主義」論だ。死者の存在を、社会の中に位置づけること——。小林は慰安婦問題に関わっていく中で、実際に従軍した世代、あるいは戦争を経験した世代からの手紙を受け取るようになっていく。それは今までの読者とは全く違う読者だった。手紙には自分が全く知らなかったことが書かれていた。小林の著作を読み返すと97年前後から戦前世代の声、戦地で亡くなった死者の声を掬い上げる必要があると思ったという描写が増えている。福岡生まれの小林はさらに「描きながら、祖父のことを思い出した」と続けた。

寺の僧侶だった小林の祖父は大の芝居好きで、子供の頃から小林自身も舞台に上がっていた。なぜ、ここまで祖父が芝居好きなのか。それは戦争体験につながっていた。戦友の一人が黒澤明の名作映画『七人の侍』で、印象的な脇役・七郎次を演じた加東大介だった。ある時、加東が祖父を訪ねてきた。彼らはニューギニアで、「演芸分隊」として活躍した仲間だった。加東は極限状態でストレスを抱えた兵士を鼓舞するために、劇団作りを命じられる。ここにあるのは、戦時下の中の日常である。

加東の著書『南の島に雪が降る』（光文社知恵の森文庫、04年）に、タイトルにもなったシーンが描かれている。

彼らはジャングルの中に芝居小屋を作り、連日のように公演していた。加東は劇団の中心メンバーで、小林の祖父は一座の名物役者だった。「この坊さん、相当な遊び人だな」というのが加東の評価だった。

ある時、劇団に「雪を見せてやってもらいたい」というリクエストが届く。演目は「関の弥太ッペ」だ。加東は思案するが、雪になりそうなものはない。さてどうするか。悩む彼に「(雪になる)資材かい？　山ほどあるよ」と軍の大尉は言った。それは使わないパラシュートだった。

真っ白なパラシュートを舞台に敷くと確かに雪のように見える。降らせる雪は三角に細かく切った紙でいい。甲州街道・吉野の宿は土の色が見えない一面の銀世界、まだまだ雪はしんしんと降り続ける。

舞台に雪が降ると、隊員たちから一斉に歓声が上がった。雪を見て、みんなが喜んだ。300人近くいた東北出身の部隊は、雪を見て全員で泣いた。彼らは南国・ニューギニアで故郷の雪を思い出していたのだ。加東も、おそらく小林の祖父も、彼らの顔を見て、涙を流しながら舞台に立ち、大立ち回りを演じた。

舞台が終わってから隊の将校が挨拶に来た。生きているうちに、もう一度雪が見られるなんて望外の喜びだったという将校は、加東にもう一つの頼みがあると言った。

「もう歩けなくなっている病人が、なん人かおります。そのものたちにも、この雪を見せてやりたいんです」

「どうぞ。いつでも、きてください」と応じると、そうではなく、明日の朝に見せてほしいという。雪だけでもいい、舞台を片付けないでほしいのだと強くお願いしてきた。翌朝のことである。加東が舞台を見に行くと、そこには重症の栄養失調患者特有の黄色い顔をした兵士が、担架に乗せられたまま、パラシュートの上に寝かされていた。彼らは手を横に伸ばし、力をいれることすらままならない指先で、南の島に降った「(紙の雪)をつまんでは放し、放してはつまみ、それをノロノロしたスローモーションでくりかえしている」のだった――。

本をもとに舞台化、映画化もされ、戦後70年の年に上演した一座が高い評価を得るなど、時代を超えて読み継がれ、演じ継がれている名作だ。

小林の述懐――「あす死ぬかもしれないぐらいの体力しか残っていない日本軍が、どうしてもその芝居を見たいと言って、泥沼みたいな川を渡ってきて見るわけ。それを子供のころから、わしは知ってるわけじゃない。だから、自分たちの祖父のそういう世代をさんざっぱら貶めることばっかり言っている、左翼は何なんだと思うよね。自分たちは何も戦うこともなく、呑気にこの平和な時代と言って生きているのに、自分たちの祖父である、当時の若者を罵って、殺人者だなんだという状態はおかしいと。普通は自分のじいさんは守ろうとするものなんじゃないの、それが普通の国の普通の人の感覚なんじゃないの、それなのに日本は変ですねと。日清・日露戦争に関わった人は知らないけれど、『大東亜戦争』に関わった人なら、わしは知っている。彼らの声をちゃんと描いて伝えないといけないと思った」

「情」が移った瞬間だったのだろう。小林は今を生きている人たちの「横」の民主主義だけでなく、亡くなった人たちの声を組み込む「縦」の民主主義が必要なのだ、と何度も強調した。『戦争論』は、彼らの情念を伝えたいと思う一心で書いたのであって、「つくる会」の活動は助走にはなったが、作品は違う文脈から出来上がったのだ、とも。

私には、その言葉を表面的なものだと断じることはできなかった。小林はやはり自分の考えや情念を作品に刻みこむ表現者であり、思いを込めて書いたという絶対の自負がある。

「当時の感覚を今の人たちにわかるように書かないといけないわけでしょ。だから、自分自身の生い立ちから全部含めて、重ね合わせて描いたんだよ。『戦争論』には、わしの個人史も入っているから、今の若い人も読める。昔の戦時中はこんなんでしたとか、昔に戦艦大和の話だの何だのあるから、それを読んでくださいとかって言ったって、読めない。戦後的感覚が入ってなかったら、読者は読めない。

右からは同じことを林房雄が『大東亜戦争肯定論』で書いてると言われた。でも、そうじゃないだろうと。じゃあ、なんで若者はこっちを読むのか。視点が違うんだよ。若い人はじいさんを残虐なことだけしかやってないと軽蔑していたけど、初めて気持ちがわかったって言って、感動して泣くわけでしょう。

そこから、じいさんとばあさんから戦中の話を聞いたってなるわけでしょう。じいさん世代も、自分より若い人がなんで自分たちの気持ちをわかるのと思って、それで手紙ががんがん来る。わしが両者の溝をつないだと思うよ」

そして、手元にあった『戦争論』を手に取りながら言うのだ。

「わし、あらためて最近全部読んでみたけど、凄すぎると思ったもん、自分で。正直、自分の技量を超えているよ。あの歳でよく描けたな。今では誇りだもん。だって、これは毎年増刷されてるんだから。祖父や祖父の世代への情があるよ」

つくる会とは関係のない文脈から構想が膨らんだ『戦争論』は、しかし、確実につくる会へと勢いを与えた。

1998年9月20日――東京・厚生年金会館大ホール。つくる会第五回シンポジウム「現代日本の『戦争と平和』観への異議申し立て~小林よしのり『戦争論』をめぐって」には、大入り超満員の2200人の聴衆が詰めかけた。会場の外には入り切れなかった人が100人以上いた。会費2000円を払っての参加である。会場では映画『地獄の黙示録』で有名な、ワーグナーの「ワルキューレの騎行」を西尾が流した。

この日登壇したのは、西尾や司会担当の伊藤隆といったつくる会理事の他に、岡崎久彦、田久保忠衛ら旧来の右派系論壇人も集ったが、彼らも一様に会場の入りと熱気に驚いていたという。スペシャルゲストは、小林の友人であり、リングスで一時代を築いた格闘家の前田日明《あきら》だった。前田のルーツは在日コリアンだ。

壇上、向かって左側に小林と岡崎が座り、右手に西尾、長谷川三千子らが座る。会場に集ったのは、多くの若者だった。小林がいなければ、こんな現象は起きなかっただろう。多くの論者の先陣を切り、「主役」が真ん中にある演台の前に立って、『戦争論』が売れていると報告すると、大きな拍手が起こった。

「わしはロックスターか何かかなと思ってしまったよ。つくる会の人たちも、登壇した人たちもみんな驚いていたよね。自分たちが集会やっても、せいぜい数百人が集まるくらいで、しかもじいさんばかりなのに、ここは若い人がこんなに集まって２０００人以上だからね。

これはとんでもないことが日本で起こりつつあると思ったでしょ。１年前までと全く違った空気なんだから。薬害エイズなんかと比べても比較にならない。これだけ普通の人が来たんだから」

当時、メディアは『戦争論』の右派的歴史観に注目していたが、イデオロギーだけなら運動は広がらない。取材を重ねていくうちに、私は『戦争論』には３つの様相があると考えるようになった。一人の人間が多面体であるように、一人の人間がある問いに時間をかけて考え抜いた一冊もまた多面体である。

３つとは、第一に「スタイル」として、第二に「問題提起」として、第三に「情念」として――。小林はこの日、シンポジウム第一部の最後に、５分間の発言時間の中で読者の声を紹介している。若い読者の３人の声は、大きな意味を持ったように思える。

16歳の高校生は日本軍の残虐行為が報じられるたびに、原爆が投下されてもおかしくないと思っていたが、『戦争論』を読んで自身の間違いに気がつく。「日本だけを責める左翼マスコミや偽善者」に腹を立て、「これからは反日情報をすぐに見抜き突っ込みを入れていきたいと思います」と決意を述べている。

21歳の大学生は「爆撃で耳も足も不自由だったたという私の会ったことのない亡き祖父」のことを思った。『戦争論』を受け取った「これからの私が問題」であり、8月15日は違った思いで受け止めることになりそうだと予感している。

23歳の会社員は、今の自分があることも平和であることも当たり前だと思っていた。自分のことばかり考えて生きていた。だが『戦争論』を読み、「平和は初めからそこにあるものじゃなく、祖父たちの勇気と血で手に入れたものだった」と思った。

「アジアの死者」はどこに行ったのか、と問うことは簡単だが、そこにはすでに様々な批判が出尽くしているので、ここでは触れない。私は『戦争論』の中に「スタイル」「問題提起」「情念」という様相がある、と書いた。3つの様相、それは彼らの声の中に象徴的に現れている。

「権威」の偽善性を堂々と指摘する、小林が作り上げた反権威主義「スタイル」に強い影響を受けた読者は――それが表層的な影響であれ――、「反日情報」を論破するようになっていく。「反日」左翼を「論破」するため、右派的な歴史観に接近していくこともあるだろう。

『戦争論』に内包されているオウムにも左派運動にも埋没しない「個とは何か？　公とは何か？」という問い、あるいは「戦後とは何か」という「問題提起」を受け取った読者は、次は「自分」の問題として、投げかけられた問いを深めていく。

小林の「情念」に感化された読者は、「祖父母」への思いを媒介に、やがて小林が強調するところの「死者の民主主義」へと接近していく。このような図式が描けるのだ。3つの様相は、少なくない意味を持ってくる。

5

小林が『戦争論』を世に送り出した98年、西尾は大著『国民の歴史』の執筆に取り掛かっていた。99年に発売され、結果的に72万部を売り上げ、『戦争論』以上に『日本国紀』との関連が言及される一冊だ。当初、つくる会教科書のパイロット版と説明されていたが、書き上げた西尾は「そんな意識は一切なかった。文章を書いている時には、文章を書くこと以外のことは考えられない」と断言する。

96年12月の会発足以来、西尾のすべては『国民の歴史』に向かっていたと言っても過言ではない。大量の参考文献を集め、一から読み、検証し、西尾の視点から歴史を書き上げる。彼がずっと考えていた「日本から見た世界史の中の日本史」という構想から書くことが大事だった。百田との絡みで論じられることも多い一冊ではあるが、先にも書いたように、西尾の思いは百田のそれとは異なる。百田が執筆動機に挙げていた「自虐史観」について、西尾はこんなことを話している。

「『国民の歴史』を出した後に、この本は自虐史観の克服だなんて言われるのが僕は嫌だった。そんな安っぽい話じゃない。日本国民に誇りを与えてくれる本とか、誇りを与えるために書いたとか言われるのも嫌だった。

そんなちゃちな心理的動機で人生を擲《なげう》つような大きな本が書けますか。どうでもいいじゃないですか、国民の誇りなんて。私がここで書きたかったテーマが理解されていないと思いましたよ」

理解されていないのはつくる会内部でも同じだった。副会長まで務めた教育評論家の濤川《なみかわ》栄太は執筆中の西尾の面前で「西尾先生は真面目すぎる。早く出す必要がある。

自分なら3日で書ける」と豪語し、西尾を呆れかえらせた。外から見ると一致団結しているように見えて、内部にはアカデミズムの世界で生きてきた西尾を激昂させるような出来事は少なくなかった。

濤川は『国民の歴史』予約運動を98年に展開し、予約だけで23万部を突破したことを誇らしげに報告している。一体、なぜ予約運動まで必要だったのか。彼らは西尾の本をベストセラーにすることで空気を醸成し、教科書採択戦に勝つという構想を思い描いていた。西尾へのインタビューや当時の回想録（『西尾幹二全集　第18巻』、国書刊行会、17年）などによると、濤川の発言と行動にはこんな背景があった。

華々しくつくる会が立ち上がったものの、この時はまだ教科書の出版社すら決まっていなかった。彼らは3社に教科書出版を持ちかけている。ある出版社からは『国民の歴史』は出していいが、非効率な教科書出版はやらないという返答があった。別の出版社は熟考の末、両方とも出すと言ったが、産経新聞と同グループの扶桑社が先に両方とも出すと手をあげたので、そちらに決まった。

これは筋が通っている。産経は当時、つくる会と歩調を合わせ、会の動きを詳細に報じていたからだ。藤岡らの『教科書が教えない歴史』の成功もあったのだろうが、それでも躊躇はあったという。教科書はすでにシェアの奪い合いで、各社とも採択に向けて力を入れている。新規参入は当然ながら不利で、採択がなければ付属の教員向けの指導書なども売れることなく、作ったはいいが赤字が積み上がるだけで終わる。

そんな事情もあり『国民の歴史』は、とにかく扶桑社から出して売れる必要があった。出版社からすれば、失敗するリスクも取ったのだから、仮に採択に失敗しても赤字幅を小さくしなければ立ち行かなくなる。『戦争論』と違い、会の公式本として西尾が執筆することになった。タイトルを決めたのは藤岡だった。西尾はこう語っている。

「こんなに大変な作業になるとは誰も思っていなかったから、通史なんてドラフトを元にして簡単に書けばいいだろうと思っている理事もいたでしょう。周囲を煽って、この本をミリオンセラーにしようなんて言ってたくらいだから。でも通史ですよ。私は歴史の素人で、勉強にだって時間がかかる。そのために連載も全部断って取り組んでいるんです」

西尾は、98年は参考文献を集めるだけで終わったと振り返っている。小林は予約運動に対して苦言を呈していた。曰く、予約「運動」で本当に影響力を持つことができるわけがない。運動のための本ではなく、西尾が書く本であり、これを書店で買ってくれる人を増やさない限り、なんら政治的、社会的に影響力は持たない、と。小林の言葉に西尾は励まされたという。

「小林さんは僕の素晴らしい協力者でした。協力者であるとともに参加者で、参加者であると同時に、プロモーターの一人でした。責任感のあるプロモーターですね。いろんなアイディアも出すし、彼はとてもフェアだった。応援してもらったことに感謝しています」

小林との間にこんなこともあった。本当なら参考文献を読み込み、「勉強」にあてるはずだった99年のことだ。産経・扶桑社から『国民の歴史』は10月刊行じゃないと困るという声があがり、最初の締め切りは8月末というスケジュールまで決まった。西尾は4月21日から執筆を始め、6月14日までに２５０枚分を書き上げた。ところが、これに扶桑社サイドから「難しすぎる」という批判が入り、西尾が激昂するという事件が起きた。同日の理事会でも、執筆にはもっと時間が必要だと主張する西尾に対し、扶桑社側は10月刊行を絶対に譲らないと主張した。出版社と著者の思惑がずれる中で、唯一理解を示したのが小林だった。草稿250枚をすべて読み終えてから西尾に電話をかけて、「この方向でいい」と背中を押した。

小林の激励を受けた西尾は、理事会直後から構成を一部練り直し、残りを約80日で書き上げ、原稿で扶桑社サイドを納得させた。

「自分の哲学や文明観を独自に展開する大きな本というのは、何らかの偶然ときっかけがない限り書けません。つくる会が、その偶然ときっかけを与えてくれたとは思っている」

『国民の歴史』は確かに挑戦的な一冊だった。あくまで「歴史の素人」という目線を外さず、しかし、西尾は自身の知見を導入して論争を挑んでいく。例えば、明治維新とフランス革命の比較である。

「なぜ、フランス革命がこれほどまでモデルとされたかという先の問いに答えておく。彼らマルクス主義者たちが、フランス革命を最も典型的なブルジョア革命として完成品扱いしたがったのは、次の段階としてプロレタリア革命を予想し、というより確信し、歴史が必然の法則にしたがって動いていくことを理論化したいがためであった。明治天皇制度をフランス革命以前のブルボン王朝と同じだと規定する必要は、この順序を乱さないためにすぎない」（『西尾幹二全集　第18巻』）

明治維新の捉え直しについては、藤岡もこだわっていたが、西尾はドイツ史の知見も取り入れながら、「革命」の意義を問い直し、「日本から見た世界史の中の日本史」という構想を貫こうとしている。最終章「人は自由に耐えられるか」は、オウム事件や酒鬼薔薇事件を事例にして、こんなことを書いている。

「出来事に対する身構えは、つぎに何を生むかというと、言葉探しである。納得のいきそうな言葉を見つけたいと探し始める。他方、出来事を説明したがる人が新聞、週刊誌、テレビにわーっと登場する。また、それを読みたがる人はポッカリ開いた自分の心の中の空虚を埋めてもらおうと夢中になって読み漁り、探し回る」（同）

西尾はそれでいいのか、と問いかける。あえて、心の中の空虚を埋めない勇気というのが必要ではないか、と。先にも書いたように、巷に溢れる日本礼賛本を西尾がなぜ批判的に捉えているかは、この一言で十分わかるだろう。

「思想は、物体のように割ったり切ったり貼りつけたりできるものじゃない。ものの見方が単純な人はいつまでも単純です。左翼だってわからない人はわからないし、保守でも日本人に生まれてよかったで終わる人は終わる」

西尾の一冊は歴史学者を中心に多くの批判も上がったが、今から読むと「つくる会」会長という肩書きを重く見る、もしくは、極右的史観が打ち出されているに違いないという前提からの批判も少なくない。曲がりなりにも西尾はアカデミズムの人間で、考え方への賛同をするかしないかは別にしても、著作の中での論理的な整合性や思考の過程は整理されている。朝日新聞に掲載された米本昌平の「論壇時評」（99年12月27日付夕刊）は、これを賞賛した。

「本書は周囲の予想を完全に裏切り、大変に広大で立体的な歴史の視程をもたらした。ただ危険視するのではなく、このことは正当に評価すべきであろう。（中

略）

個人的な思い込みが強すぎる個所、例えば日本的美学論などは容易に批判されるであろうし、現代史に対する氏の哀れみのまなざし、つまり手だれ者ばかりの帝国主義的世界に純な日本が防衛的動機から背伸びをして参入し、手ひどい結末を迎えるというニュアンスは感傷的に過ぎると言わざるを得まい。だがやはり著作は情念だと思う」（同）

99年11月19日、西尾と小林は千葉県浦安市・東京ベイNKホールに集った。都心からやや距離がある会場で開かれた「『国民の歴史』発刊記念シンポジウム／歴史再生への序曲」に集まった観客は約3000人に達した。

96年～97年は藤岡らによる『教科書が教えない歴史』、98年は小林の『戦争論』、99年は西尾の『国民の歴史』とつくる会関係者が出す本は軒並みベストセラーになり、論壇の話題をさらい、社会現象となった。単なるイデオロギーではなく、マーケット的な成功によって、「普通の人々」を「右」から、そして「下」から動員した、かつてないほどパワーを持ったポピュリズム運動が日本に誕生した。

6

一方で課題は解消されずに残ったままだった。

99年には会の運営方針をめぐって、副会長同士の濤川と藤岡の間で対立が激化した。小林の発案で両者が副会長を降りて、高橋史朗が副会長ポストに収まったものの、納得がいかない濤川は「たかが一漫画家」と小林を非難した。藤岡も藤岡で同年9月の総会で「漫画はフィクション」と発言し、これも小林の怒りを買った。一連の騒動はすべて『新ゴー宣』に描かれた。

「学者って普通じゃない頑固さなんですよ。わしはもっと常識人だから、ちゃんと常識的な言葉で説得していくし。後は、わしがそのけんかの様子も全部漫画に描いちゃうからな。それをみんなが恐れていた」

坂本が中心になって進めていた教科書はどうだったのか。99年10月の刊行から一息ついた西尾は決断を迫られていた。2000年4月には文部省に検定を申請しなければばならない。3分の1程度はできていたが、これを読んだ西尾には「他の教科書と差がない陳腐」なものに映った。これでは、何のために「新しい」と言ったのかわからない。西尾は会議室に執筆メンバーを集めて、すべてを一から書き直すと宣言した。

西尾が代表執筆者となり、藤岡とともに教科書をすべて書き直すことを決め、項目から選びなおした。「1章あたり見開き1ページか2ページで、事実関係を押さえながら、カラーも打ち出すというのはかなりの力量」が求められる。小林にも執筆を依頼し、年が明けた2000年1月には追加依頼も出した。小林は伊藤とも綿密に連絡を取り合い、現代史のパートを完成させた。

小林は当時を振り返り、歴史とは簡単に書けないものだと語った。彼には歴史を描くことへの畏怖がある。

「そりゃあ真剣にやったよ。歴史を書くなんて簡単にはできないのよ。歴史を書くって裏付けのないことも書いていいということではないんだから。本気で通史を書くなら、短期間では絶対に不可能だよ。教科書まで書いたからわかるもの」

西尾は古代史、藤岡はずっとこだわってきた明治維新前後のパートを、すべて批判された坂本は江戸時代と戦後史を担当することになった。坂本は西尾の決定に不服を唱えることをせず一言、「大義だ」とだけ言ったという。

小林は小林で2000年年明けから、採択に向けても精力的に動き始める。1月には京都に行き、自民党の有力支援団体でもある「日本青年会議所」が発足させた「新しい教科書づくり委員会」の面々と会う。22日には当時、会頭だったウエシマコーヒーフーズの上島一泰らとシンポジウムに臨み、教科書づくりへの思いを語っている。さらに京都ではJC出身の有力議員だった麻生太郎（2020年時点で副総理、財務相）とも会食した。活動はここが一つのピークだった。

以下、時系列で追っていこう。2000年に入ると、メディア上でも大きな変化が起きていた。会発足以来、最も報道に力を入れていたのが産経新聞だったことはすでに述べた。名実ともに「自社もの」として、詳細に報じていたが、教科書採択戦が本格化する2000年～01年で、報道量が最も多いメディアは朝日新聞になった。データベース上で「新しい歴史教科書をつくる会」というキーワードで拾える限りになるが、ざっと産経の2倍の分量を割いている。当然ながら論調は批判的なものが多い。採択が間近に迫り、いよいよ軽視できないものだと気がついた。データと扱っている記事からはそんな印象を受ける。

2000年7月28日　毎日新聞がスクープ。「2002年度から始まる新学習指導要領に合わせて文部省に検定を申請している教科書のうち、『新しい歴史教科書をつくる会』（会長、西尾幹二・電気通信大教授）が作成した中学校公民の教科書に、核兵器廃絶への努力を疑問視したり、核武装容認ともとれる記述」があると報道し、被爆者団体が抗議した。教科書の内容について、これが初めての批判記事になった。

2000年10月　つくる会で『新しい公民教科書』を作った西部邁による『国民の道徳』が出版される。これもベストセラーとなった。

2001年2月21日　朝日新聞が「教科書の検定にあたって対外的な配慮からの政治介入はしない方針を固めた」と報道。検定基準にある「近隣のアジア諸国との間の近現代の歴史的事象の扱いに国際理解と国際協調の見地から必要な配慮がされていること」とする「近隣諸国条項」についても、政治的配慮はしない方針だと報じた。

2月21〜22日　韓国の国会と中国政府はつくる会教科書の検定不合格を要求した。

2月23日　つくる会が「不当な内政干渉と断じるほかない」とする抗議声明を発表する。

3月4日　1次修正の内容が報道される。つくる会は、文科省の137カ所にわたる検定意見に応え、当初韓国併合を「合法的に行われた」とした部分などを削除した。
3月16日　作家の大江健三郎らが会見し、声明を発表した。大江は「政治、経済的行き詰まりと連動した最近のナショナリズムの風潮を、私は『鎖国のメンタリティー』と呼ぶ。それが端的に表れたのがつくる会のイデオロギーだ。この教科書が行き渡れば、過去の過ちを知らず、乗り越えるすべを持たない人が増える」（毎日新聞3月17日付朝刊）と語った。
4月3日　つくる会教科書が歴史、公民ともに検定に合格する。「従軍慰安婦」の問題は、中学歴史教科書発行の8社の中で、「慰安婦」記述は3社に減少した。97年の前回検定では、7社の教科書すべてに記述されていたが、4社の教科書から記述そのものが消えた。
「子どもと教科書全国ネット21」など市民団体も記者会見を開き、アピールを発表する。「検定によって一部修正が行われたとはいえ、基本姿勢は本質的に変わっていない。アジア太平洋戦争を美化し肯定する立場が貫かれている」（毎日新聞4月4日付朝刊）という立場でつくる会を批判した。
6月4日　つくる会教科書が市販され、後に75万部以上の売り上げを記録するベストセラーに。

7月9日　韓国、中国からつくる会教科書への修正要求について、文科省が指摘通り「誤り」と認めたのは、韓国が修正を求めた25項目のうち1カ所だった。中国側については、「学説状況に照らして明白な誤りとは言えない」として、全8カ所の要求を退けている。近現代史部分は全く応じなかった。

7月～8月　採択に関する報道が急増し、つくる会採択への反対運動も詳細に報じられるようになる。

8月7日　東京都教育委員会が、つくる会の中学歴史・公民教科書を一部の養護学校で採択した。東京新聞（01年8月8日付朝刊）によると、報道の広がりとともに都や教育委員の自宅に反対5900件、賛成200件の意見が寄せられたという。

同日　つくる会が入居していたビルで放火事件が起きる。現場に焼けたプラスチックのタンクがあり、警視庁は事件性があるとみて捜査を開始する。

8月15日　各地で採択結果が出揃い、つくる会は惨敗。シェア1％に届かなかった。

8月16日　つくる会、会を批判する市民団体がともに記者会見を開く。批判側は「民主主義の勝利」「市民の良識が示された」と述べた。西尾は会長声明を発表し、敗因について反対する勢力による「莫大な量のファクスや電話の組織的妨害工作」「民主主義と言論の自由を口にするマスコミの二枚舌はいかにも許しがたい。暴力事件はさながらなかったかのごとく扱われている」ことなどを挙げた。

採択運動の惨敗をもって、蜜月は終わった。

2002年2月に小林と西部がつくる会内部の「親米保守」と対立し、つくる会から脱退を表明し、外部からつくる会にもいた「ポチ保守」批判を強めていく。その後もつくる会版教科書の採択率は低調なままだった。西尾も会長職を退き、2006年には名誉会長からも退いて、会とは距離を置いた。つくる会立ち上げメンバーで、20年現在、いまだに残っているのは藤岡ただ一人になった。

終章　ポスト2020　空虚な中心

1

百田尚樹現象は現代という時代の象徴である。なぜ彼の言葉は多くの人の注目を集め、なぜ彼の本はベストセラーになるのか。反対側の人々――それはリベラル派と言い換えてもいいが――は多くを誤解している。この謎に迫るにあたり、最初の問いを確認しておこう。

『永遠の0』然り『海賊とよばれた男』然り、多くの人を感動させる物語を書くことと、右派的イデオロギーを持つことは矛盾なく百田尚樹の中で両立している。これはなぜか？

文芸批評家の加藤典洋が『世界をわからないものに育てること』（岩波書店、16年）

の中で、2011年3月11日からの社会を「感動社会」と呼び、その代表的な作品として『永遠の0』を取り上げ、仔細に論じている。「戦後」にこだわり、一時代を築いた批評家が晩年に百田を集中的に取り上げていることは大きな意味がある。

加藤は、百田が朝日新聞デジタル（13年12月30日）で同作の映画監督、山崎貴と対談した際に語ったある一言に、「百田尚樹」という作家の「新しさ」を見て取る。

「イデオロギーをこの作品（筆者注：『永遠の0』）の中に入れると、宮部の生き方が誤解されるんですよ。だから、僕はこの原作にできるだけイデオロギーを入れなかったんです。本当に個人として、あらがえない状況の中、この状況の中で彼はいかに生きたのかということだけを書いたんですよ」

加藤は、まずもってこの発言は言葉通りに受け止めるべきだと語り、その上で「感動」の調達方法に注意を向けている。

「人を感動させるために、『反戦小説』仕立てのほうが都合がよいとなったら、『イデオロギー』抜きで、というか（自分のものでない）『イデオロギー』までを

（作品用に仮構して）読者を『感動させる』ための道具とする新しい種類の作家たちが現れてきているからです。百田氏はそうした新しい小説家の一人なのです」

百田の作品を貫くキーワードを一つ挙げるならば、それは加藤も指摘するように「感動」である。高校生のボクシング部（『ボックス！』）にしても、時代小説（『影法師』）にしても、『海賊とよばれた男』にしても、『日本国紀』にしても、すべてにおいて彼は多くの人を感動させる物語を書いてきた。百田の物語を読み、感動できる人は世の中では多数派である。「こんなの小説ではない」「取るに足らない」「感動できるなんておかしい」と論じるのは、一部の文芸ファンやインテリだけだ。

加藤はさらに百田尚樹と宮崎駿を比較して論じている。その要点はこうだ。

反戦的＝戦後のリベラル的価値観を強く支持する宮崎は百田作品を認めていない。宮崎にとって、百田の右派イデオロギーは強い批判の対象でしかない。しかし、百田は宮崎が戦争を正面から描いた映画『風立ちぬ』について自身のツイッターで「先日、アニメ『風立ちぬ』の試写を観た。ラストで零戦が現れたとき、思わず声が出てしまった。そのあとの主人公のセリフに涙が出た。素晴らしいアニメだった」（13年7月11日）と大絶賛している。異論への寛容を是とするリベラル派の宮崎はいかにも不寛容であり、むしろ右派である百田のほうが寛容に見えるのはなぜか――。
この謎に対する加藤の見解と、私の見解が合致する部分を抜き出しておこう。それは真の問題ではなく、いうなれば偽の問題だ。百田は宮崎の平和主義に賛同しているのではなく、ただただ「感動」に正直なだけである。作家の背景やイデオロギーは百田にとっては関係がない。彼は自分の考え、受け取り方が何より大事なのであって、それ以上の意味はない。要するに「その時々の自分」、もっと踏み込むならば「その時々の自分の感覚」に正直なのだ。

「全体としてその作品を作り上げているイデオロギー、さらに作者の思想傾向が自分のそれを真っ向から否定するものであろうと、そのような文脈は、容易に着脱可能な様態に置かれ、いまは自分の『感動』に正直でありたいと思えば、それを素朴に吐露できる。後で、困れば、いくらでもそのようなものは、撤回、削除できるのである」(加藤前掲書)

百田にも右派的なイデオロギーがあることはあるが、より広く人を感動させるためならば彼は洋服を脱ぎ着するようにイデオロギーを「着脱」して、小説を書くことができる。自身の政治信条があったとしても、「入れない」ほうが良いと判断したら百田はそれを外すことができる。私が面食らったと書いたインタビューでの言葉を、ここでもう一度記しておこう。

「『大東亜戦争』という言葉を使うことで拒否感を持つような方もおられますので、こだわりがマイナスになります。用語はもちろん大事ですが、多くの観客にとってはどうでもいいことです」

百田が「小説家引退宣言」――私のインタビューには、復帰も考えていると語っていた――を出して、出版した『夏の騎士』（新潮社、19年）にも、彼の「新しさ」が刻み込まれている。引退作なのだから、百田尚樹の思想信条が詰め込まれた作品になると誰もが予想した。しかし、その予想は最初の数ページで裏切られることになる。

43歳になった主人公の「ぼく」による回想で始まる冒頭のシーンを見てみよう。「ぼく」の大切な友人である木島陽介の学力は、小学6年生でありながら分数の足し算や引き算もできないほど低い。実家は貧しい母子家庭で、生活保護を受けている。実家だけでなく、木島の祖母も叔母も生活保護を受給している。「ぼく」の母親は、生活保護は連鎖すると考えており、木島も将来的に受給することになると「ぼく」に言う。そこで「ぼく」はどう思うのか。

主人公は「自分の友人が母にそんなふうにバカにされて決めつけられるのを聞くのは嫌」だと感じている。この小説には流れているのは、社会的な弱者への優しさであり、生まれながらの属性で何かを決めつけることは愚かなことだという視点だ。

百田を批判する人たちは、生活保護への厳しい発言や中韓へのバッシングをツイッター上で繰り返しているのに矛盾していると思うだろう。だが、彼の中で矛盾は一切ない。政治的な色合いが強い『カエルの楽園』（新潮文庫、17年）を除けば、小説で描いているのは、一貫して「エンターテインメント。基本的に、読者が面白がる」（百田）ものだからである。インタビューで何度も彼が語った「小説は面白いかどうかやねん」は偽わらざる本音であり、「引退作」まで小説は基本的に面白く、感動できるように書かれている。

「着脱可能」なイデオロギーは確かに存在している。加藤はそこに——無論、彼自身は百田に批判的だが——「新しさ」を見るのだ。

「新しい作家」にとって、思想信条とは簡単に着脱できるもので、読者の「感動」がより「上位」に置かれる。新しい作家は「感動させるための物語、そういう物語にふさわしいイデオロギー」を選んで書く。そして、それが「ごく普通の人たち」に届き、感動を共有する。批判派は隠された作家のイデオロギーが込められていると指摘するが、「物語」と「隠されたイデオロギー」は表面的には切れている。そこで批判は空転していく。

批判と空転の繰り返しの先にある、百田尚樹現象の中心は「空虚」だ。本人をいくら批判したところで、そこには先がない。むしろ、彼を取り巻く現象にこそ注目しなければいけない。

百田尚樹現象は新しいポピュリストが担い手となり、「現代」と共振した、全く新しい現象である。

2

2020年3月、百田に2時間にわたるインタビューをした。2020年に入り、世界も日本も新型コロナウイルス問題一色となる中、再び百田の発言が注視されるようになったことは冒頭でも触れた。多くの人を驚かせたのは、安倍政権〝応援団〟の筆頭格とみられていた彼が、ツイッターで「安倍総理はこれまでいいこともたくさんやってきた。しかし、新型肺炎の対応で、それらの功績はすべて吹き飛んだ」（2月21日）と強烈な言葉を並べ政権批判に回ったことだ。

2月28日には、安倍と百田、ジャーナリストで『日本国紀』の編集者を務めた有本香の3人の会食がセットされたことも注目に拍車をかけた。「一市民」の一言で、首相が会食の席を設けたのだから、当然のことだろう。安倍は百田と会うことで、強い支持基盤である右派からの批判を交わそうとしているようにも見えた。実際にその後、しばらくの間、百田は安倍政権批判をやめている。

再び、インタビューに応じた百田はこれまでと同じように率直に答えた。そこであらためて見えてきたことがある。本人が特異な才能の持ち主なのは、周辺取材で誰もが認めるところであり、そこは第一部で詳細に書いた。しかし、その中で誰も触れなかった特異な点がある。

彼のオピニオンに刻まれた感覚の「普通」さだ。長年、テレビで高視聴率番組に携わっているうちに身についたものでもあるのだろう。彼は街場の感覚を失わないまま、言葉を発することができる。それも、感覚的に。彼はインタビューで新型コロナウイルスでの安倍政権の対応をめぐり、「新型コロナウイルスが流行していた、中国と韓国からの入国を制限しなかった2020年1月と2月は全く評価できない」と批判したが、「今（注：2020年3月上旬）はベストを尽くしている」と話した。

安倍と会食をともにして以降、批判のトーンは弱まっていることから、会食と批判のトーンを結びつける論考もあったが、それは違う。決め手になっているのは、2月末に安倍が全国一律で「要請」した小中高校の一斉休校だ。

私は「休校要請については、エビデンスに欠けている政策だと批判も強く、経済への悪影響が出ることも含めて、やる必要はなかったと思う」と百田に言った。彼はこう返してきた。

「学校の休校要請っていうのは、やっぱり、相当なもんやと思っています。ほかの政治家ではビビッてできないんじゃないでしょうか。エビデンスがあるかという批判ですが、そもそも未知の感染症に対してエビデンスなんかないですよ。総理がリーダーシップをとって、果敢に休校をとりあえずやってみて、感染を防ぐという成果が出たらいいじゃないですか」

「評価はリーダーシップにあるということですか？」

「そうです。こういうことに関してはやっぱり、果敢にやらないといけないでしょう。

官僚っていうのは自分から決めませんからね、絶対に」

あれだけ安倍政権に近いと言われながら、新型コロナウイルスの対応をめぐり、あっさりと批判に転じたのも、再度評価に転じたことも、ここに理由がある。彼を批判する人々が勝手にイデオロギー的な一致点をもって「安倍」と百田を結びつけただけで、本人は関係を誇示することもない。百田は時々の感覚で、正しいと思えば絶賛し、間違っていると思えば批判しているだけだ。彼からすれば「原稿料をもらっていないツイッター」での発言は自由にできるものであり、それ以上でもそれ以下でもない。

加藤が見抜いたように「自分の『感動』に正直でありたいと思えば、それを素朴に吐露できる。後で、困れば、いくらでもそのようなものは、撤回、削除できる」ことに百田尚樹が発する言葉の核がある。百田は安倍首相の果敢な姿勢に「感動」し、中国や韓国に臆病な姿勢をとったことに失望している。彼は、その気持ちを正直に語っているだけなのだ。安倍への評価と批判が混在することも、彼にとっては当たり前のことである。

そして、彼の感動は世論とも結びつき、この社会の分断をも映し出す。百田の言葉はある部分において、この社会の多数派の声なき声とリンクし、「空気の代弁者」として機能する。私にも見えていなかったが、百田をインタビューする中で理解できたことがある。問題は最初から、ファクトやエビデンスではないのだ。

ここまで検証してきたように、百田の歴史観についても、つくる会が起こした歴史認識論争についても、彼らを批判した学者やメディアが提示する「ファクト」は概して正しい。南京事件は確かにあり、ＷＧＩＰ洗脳論は「陰謀論」に過ぎず、せいぜい言えたところで実現できなかった占領期の政策であることは実証されている。慰安婦問題についても、朝鮮半島において「強制連行」があったか否かと設定すること、それ自体がすでに適切とは言えない。

ファクトに基づいてのみ判断すれば、批判した多くのリベラル系歴史学者・メディアの圧勝に終わるにもかかわらず、なぜ根拠に基づかないものが影響力を持つのか。近年の科学研究を踏まえて、さらに言えば「正しい事実」を突きつければ人は考えを変えるというのは幻想でしかないことがはっきりと示されている。

イギリスの神経科学者、ターリ・シャーロットは『事実はなぜ人の意見を変えられないのか　説得力と影響力の科学』（白揚社、19年）で、アメリカ大統領選の討論で交わされた印象的なシーンを記述している。トランプと、彼の対抗馬で小児神経外科医のベン・カーソンの討論だ。トランプは子供のワクチン接種と自閉症に関連があるという、有名な疑似科学を持説として展開した。それに対して、カーソンはいくつもの研究論文があり、トランプが主張しているような事実はないと反論した。

そこでトランプは再反論する。「実例ならたくさんありますよ。私どもの従業員の話ですが、つい先日二歳の子が、二歳半の可愛らしい子供が、ワクチンを受けに行った一週間後に高熱を出しました。その後ひどく悪い病気になり、いまでは自閉症です」

シャーロットはここで困惑する自分に気がつく。科学者であり、二児の母親でもある彼女は、自ら論文を読み、当然ながらワクチン接種に何ら問題がないことを知っている。しかし、トランプの発言を聞きながら「どうしよう？　うちの子が自閉症になったら」と思う。偏見と直感だらけの発言であるにもかかわらず、不安を掻き立てられてしまったという。

その要因は、カーソンは「知性」にのみ訴えたが、トランプはそれ以外のすべてに訴えかけていたことにある。あらゆるファクトが示すのは、トランプが間違っているという事実だ。しかし、現実にはトランプの訴えのほうが人々の心に突き刺さり、シャーロットのような極めて高い知性の持ち主の心をも動かす。

ここに人間の本質がある。事実はかくも弱く、事実を明示したところで、真逆の信念を持つ人を説得することはできない。百田の——無自覚な——飾らない本音、感動を素直に表現できる言葉は、エビデンスやファクトよりも多くの人々の感情を突き動かし、共感を呼ぶ。百田現象もつくる会現象も、その根底にあるのは、知性以外の部分も総動員して訴えることだ。だが、百田現象にあり、つくる会にないものがある。それこそが加藤が唱え、警戒を呼びかけた「新しさ」だ。

先に見たように、ポピュリズムの要点は腐敗したエリートに対峙すること、そして中心の薄弱さにある。百田は「愛国」をアイコンとする、現代のポピュリストであり、その主張に、確固たる信念に基づく体系的かつ論理的な一貫性はなくていい。彼にとって大事なのは、権威と「対峙」することそのものだ。

百田は大衆に迎合していない。むしろキャリアを通じて、大衆を徹底的に考え、彼らに届けることを第一に考えてきた。リベラル派よりもはるかに大衆と市場を大切にしてきたのが百田尚樹という作家だ。彼は自然体で「偽善を暴く本音」と感動させるストーリーテリングを武器に、大きな権威と対峙する姿を見せ、人々を捉えてきた。彼の一挙手一投足に賞賛と批判が集まるのは、人々がポピュリストに魅了されていることを意味している。百田の声に感情がざわつき、つい反応してしまう。百田がポピュリズムの時代を象徴する存在だと言える理由はそこにある。新しい時代のポピュリスト、その特徴はつくる会と比較することでより鮮明になる。

3

つくる会現象とは何だったのか。それは百田現象とは何かを問うことから見えてくる。私の結論は自虐史観を旗印に、リベラル派・左派から「反権威」というポジションを奪い、「普通の人々」の力を信じ、彼らに訴えることで力を獲得し、リベラル系マスコミの「権威」を崩壊させたポピュリズム運動であるというものだ。藤岡は運動を組み立てる力を、小林は強いポピュラリティーを、西尾は保守系知識人としての思想を96年から2000年という時代にかけて、惜しむことなく「つくる会」に注いだ。

日本最大の右派団体である「日本会議」との人的なつながりは確かにあったが、核になっていた3人は「あの頃、日本会議なんて全く知らなかった」と口を揃え、西尾と藤岡に至ってはその後の分裂騒動の中でむしろ「敵対」関係となっていく。

むしろ注目すべきは、つくる会にはこれまでの右派運動と全く関係がない、もしくは関係が薄かった2つの潮流が流れ込んでいることにある。第一に藤岡らによる教育界からの近現代史の見直し運動だ。藤岡も含めて元左派系が主流にいて、冷戦終結以降のナショナルアイデンティティの問い直しへと向かった。教育現場を担う当事者からの問い直しに着目した産経新聞が、全面的にバックアップすることによってさらなる力を得ていく。

第二に小林が開拓した若い読者だ。小林は社会運動への幻滅とマスメディアへの疑義から近現代史への関心を高め、リアルタイムに学んでいく過程——とマスメディアからの批判——を公開しながら読者を獲得していった。つくる会主要メンバーの思想と行動は一致していない点が多く、強烈な個性の持ち主だったが、共通点もあった。すでに見てきたようにそれぞれが「マイノリティー」意識を持ち、そうであるがゆえに、自虐史観を唱えるマジョリティーと戦うという意識である。

分裂は当然の帰結であり、教科書運動においては彼らは敗者だった。つくる会内部でも活動方針や理事同士の対立が激化し、会から分裂した「日本教育再生機構」が独自に教科書（育鵬社版）を作り、シェアを少しずつ広げているというのが現在だ。同機構の教科書執筆陣には、かつての盟友だった伊藤隆らが名を連ねている。当初の路線の違いが「教科書採択」での敗北を機に表面化し、教科書運動としてのつくる会運動そのものは失敗したことが、時系列からよくわかるだろう。もとより路線が違うメンバーで始まったもので、崩壊したことへの驚きは少ない。むしろ、よくこれだけもったなというのが正直な感想だ。

では、つくる会そのものは分裂して何も残していないのか。そうではない。つくる会は確実に「破壊」し、「発見」をした。破壊したのは、マスコミやエリートが持っていた権威であり、発見したのは「反権威」が持つエネルギーと「普通の人々」である。彼らは「普通の人々」を味方につけ、「権威」と戦うというスタイルを作り上げた。このスタイルこそ、2010年代の百田現象との最大の共通項だ。

反対派は教科書採択が進まなかったことで「民主主義」の勝利と語っていたが、それはあまりにも都合の良い見方だと言わざるを得ない。つくる会は一面では勝者だったからだ。「自虐史観」という言葉は一気に広がり、慰安婦記述は圧倒的に減った。当初、彼らが掲げた自虐史観からの脱却はある意味で「成功」し、歴史は書き換えられた。

「そこは大成功ですよ。私たちが活動していなかったら、もっとひどい教科書が残ったままになっていた。東京で強かった日本書籍も教科書から撤退して、ほとんどの教科書で慰安婦記述がなくなるなんて、あの時は想像もできなかった」（藤岡）という言葉は決して大げさでも誇張でもない。彼らの活動もあって、教科書の記述は変わり、右派系メディアを中心に日本書籍版歴史教科書は「自虐度が強い」と批判を強めた結果、日本書籍は倒産にまで至った。藤岡が左派運動から発見した「統一戦線」、そして運動論は効果を持ったと言えるだろう。

特定の批判対象を見つけ出し、メディアと市民運動が連動する形で、政治家や文化人も巻き込みながら対象を追い込んでいく方法は左派が得意とするものだったが、つくる会が転換点となり右派の方法論にもなっていく。ただし、右派はより広範なマーケットを獲得すること、つまり商品の購入という最大のコミットメントを意識している。市場で力を得て、力を強めていくという方法の源流は、小林が期せずして開拓してしまった市場にある。ここだけは出版不況という言葉と最も無関係な市場として、今も残り続けている。多くの部数を売れば、世相を表すベストセラーとして圧倒的な影響力を持ちメディアの注目を集めることができる。これが出版ビジネス最大の強みだ。

新聞、テレビに食い込むのではなく、大量の読者を確保して社会にアプローチする――この手法を開発したのも「つくる会」だったと言っていい。直接市場に訴えることを避けたリベラル系知識人やリベラル系メディアの権威が、20数年前と比べて圧倒的に弱まったことは論じるまでもない。

リベラル系メディアは「つくる会」を最初は無視、もしくはかなり軽視していた。彼らからの批判に対して適切な応答をすることも、対話の姿勢を見せることもなく放置していた。規模が大きくなるにつれ、批判の度合いを強めたが、批判も分析もどこか的外れなものが多かった。そこには、彼等がなぜ支持を得ていくのかという問いを立てて、理解を深めていく、言い換えれば、ディープストーリーを描くプロセスが決定的に欠けていた。

皮肉な言い方かもしれないが、こんな見方もできる。中途半端な批判が「反朝日、反リベラル、反左翼」という一致点をより強固にし、つくる会の勢力拡大の一翼を担った。かつて教科書運動といえば、左派が「文部省＝国」を攻撃するものだったが、つくる会が攻守のスイッチを入れ替え、右派が「リベラル派・左派の自虐史観」を攻撃するものというストーリーを作り出した。第一部でも右派系メディアのマイノリティー意識と反権威主義を取り上げたが、今でも右派は「攻」で、リベラル系は「守」に回っている。

つくる会そのものはかつての勢いを失ったが、彼らは「スタイル」を作り上げ、新しい時代の扉を開けた。一方で、彼らの足取りを詳細に追うことで見えてきたのは、その中身における決定的な「断絶」である。

百田を「新しい作家」とするならば、主要メンバーは3人が3人とも「古い」書き手だった。慰安婦問題一つとっても、彼ら一人一人に関わっていった必然性がある。だが、百田尚樹にはない。『今こそ、韓国に謝ろう　そして、「さらば」と言おう』を読んでも、百田が韓国に対して皮肉と嫌味を書き連ねてはいるが、なぜ彼がここまで言いたくなるのかはわからない。さらさらと軽く読めるが、それ以上の情念は見えてこない。せいぜい見えるのは日本人に対し、謝れとばかり言う――と彼が認識している――韓国という国に対する怒りだけだ。

3人の言葉だけを捉えると、表面的な主張は百田と似ている。だが、そこに至る必然性には違いがある。大事なのはその点だ。小林たちの古さ、それは著作物に個人の思考の軌跡、情念が刻み込まれてしまうことにある。彼らは自らの思想を簡単に「着脱」できない。刻み込まれた思考は、そのまま著作の熱量となっていく。つくる会は、百田現象の源流であると同時に、彼らの退場は「古い」書き手の時代の終わりを意味していた。

＊

「あえて言うよ、傲慢と承知で。つくる会運動は終わりました、『国民の歴史』一冊を残して。ほかのメンバーは頭に来るでしょうが、まあ、そういうことじゃないでしょうか」

西尾につくる会とは何だったのか、と聞いた時の答えである。自分が書いた本の中で、一番パトスがあるのではないかとも語っていた。その言葉もわからないでもなかった。若かりし西尾幹二が心血を注いでいた文芸評論に通底するものがあるからだ。

ある夜、西尾から電話がかかってきた。用件はインタビューで伝え忘れたことがあるということと、関連で読んでほしい文章があるということだったが、本題を終えると、今の右派運動や右派メディアには何の興味もないのだ、といった話になった。どうしてかと私が聞くと、西尾は「安倍批判」を口にしただけで、批判されたり、コミュニティーから排除されたりする右派の現状を「僕が批判してきた左翼と同じ論理」

だと言った。

彼は寂寥感を漂わせた、小さな声でこうつぶやくのだった。「今はもうどこにも僕が書く場所はないね……」

＊

「私はね……」とつくる会の事務所にある応接間でインタビューに応じた藤岡は、深々とソファーに座りなおし、少しばかり笑みを浮かべながらこう語るのだ。

「イデオロギーだけで人を判断するのが嫌いなんです。左派にだって理解できる人はいるし、友人だっています。逆に右派にだってどうしようもない人はいる。逆も然り。人間はそんなところだけで判断してはいけない」

穏やかな語り口と、夏場だというのに、取材を受けるからと厚手のスーツを着て、ネクタイを締めてきたところに、藤岡の性格があらわれている。私は最後に、気になっていたことを訊ねることにした。分裂騒動もあり、立ち上げ時の仲間は全員離れたにもかかわらず、なぜ藤岡だけが続けているのか。

「私が自分で言い出したことだから、自分で責任をとらなきゃいけないと思うので、やってますよ。もう体力的にはきついですけど、もっと才能のある人にもっともっと高い次元でこの運動を展開してもらえれば、いつでも引退したいと思っていますよ」

彼はぽつりと呟き、少し遠い目でつくる会のオフィスを見渡した。発足当時、50代前半だった藤岡はもう70代半ばに差し掛かっている。取材した2019年も教科書検定に臨み、検定作業の真っ只中だと語っていた。前回の検定合格時の会報「史」（15年5月特別号）では、分派した育鵬社の教科書を「自虐化」「危機感がない」と痛烈に批判していた。新しい歴史教科書の売りは、南京事件を一切書かなかったこと、東京裁判にマッカーサーが疑問を持っていたこと、アジア諸国の独立に果たした日本の役割を感動的に描いたことだという。

藤岡が検定に挑んだ2021年度自由社版教科書は、文科省の検定により「一発不合格」となった。この結果をリベラル派・左派は諸手を挙げて歓迎した。だが、思想が違うとはいえ、国が検定基準を一方的に設けて、その基準に達しないものを一発アウトにできる仕組みそのものに問題はないと言えるのか。

毎日新聞（20年3月23日オンライン版）の取材に藤岡はこんなことを語っている。

「『右』も『左』もありません。『一発不合格』がある限り、教科書から『幅』がなくなりますよね」

かつてあれだけ歩調を合わせていた自民党の最保守派、安倍政権を支えるようなメンバーは藤岡の戦いを顧みることなく、育鵬社版さえ通ればいいというようなスタンスに立っているように見える。結局、つくる会も時代の波に飲まれていった。

自虐史観という言葉にこだわり、藤岡はまだ戦いを続けている。それは時代を動かしたものではなく、「敗者」としての戦いだ。

＊

『戦争論』には3つの様相があると書いた。第一に「スタイル」として、第二に「問題提起」として、第三に「情念」として――。90年代後半にはまだ影響力が弱かったインターネットだが、00年代に入ると加速度的に影響力を増して、今の時代に突入する。「ネトウヨ」の源流もつくる会や『戦争論』にあるのではないか、という指摘は至るところで出ている。

私の結論は『戦争論』の中でも、特に「スタイル」に惹かれた読者が、「反日情報をすぐに見抜き突っ込み」を入れていくネトウヨに接近した、もしくはネトウヨ化したというものだ。小林の影響を受けたという山野車輪の『嫌韓流』（晋遊舎、05年）は、問題提起と情念を読み解くことができず、スタイルだけをコピーした典型である。小林が在日差別を助長する漫画と批判するのも当然で、「ネットの『情報』をもとに描いただけで、『情』がない」からだ。小林がなぜネトウヨを批判し、百田を自身の「真似」と断じるのかも明らかだろう。

「『戦争論』以降、右に振れすぎたなと思うよ。今のネトウヨみたいに、非常に言葉が乱暴で、緻密にものを考えない人間がいっぱい出てきちゃったのは間違いない。その中にわしの読者もいるかもしれないけど、それをコントロールすることはできない。でも、責任は感じているよ。何とかしてネトウヨをこっちに持ってこれないかなとか。今やってる『ゴー宣道場』（筆者注：小林が主催する議論の場）の中に元ネトウヨも来るんだよ。ということは、彼らもこっちに帰ってこられるのかなと考えるよ。批判が来るから、おかしなこと書いているかなと思って『戦争論』を読み返すけど、その度に100%これでいいと思うよ」

でも、と小林は付け加える。

「『戦争論』で描いた公=国家権力というのは、ちょっと言葉足らずだった。その時は言葉にできていなかったな。公と国が一致していればいいけれども、それがずれた場合は、国家とは対決しなければならない。権力と対決しなければならないんだよ。表現や言論を国家が制限しようとしてくる時は、国家と対決しないといけない。公共性を狭めるような国家権力とは公のために対決しないと。公のために、個を貫いて対決しないといけないわけだよね」

メディアでおなじみの独特の口調で語られる小林の言葉を聞くにつれ、私が思い出したのは、戦後民主主義の理論的支柱として、つくる会がかつて批判の対象にした丸山眞男だった。丸山は「世界市民」論とも、マルクス主義とも一定の距離を置いていた。彼は政治学者として日本で近代的な自立した「個人」の確立を喫緊の課題として捉え、「正しい意味でのナショナリズム、正しい国民主義運動が民主主義革命と結合しなければならない」（「陸羯南――人と思想」『戦中と戦後の間』みすず書房、76年）と説いていた。それは1947年、敗戦からわずか2年後の論考で書いたことだ。

その時に彼が一つのモデルとしたのが、明治期に活躍した福沢諭吉であり、ナショナリズムとデモクラシーの綜合＝「日本主義」を唱えたジャーナリストの陸羯南《くがかつなん》だった。先に挙げた論考の中で丸山は、日本国憲法について「われわれは、国民に与えられた諸権利を現実に働くものたらしめ、進んでヨリ高度の自由を獲得するために、よほどの覚悟をもつて、これまでに数倍する嶮峻をのりこえて進まなければならぬであろう。まさしく憲法祭に酔つているときではないのである」と書く。

これが健全なナショナリズムを探った、戦後の原点である。少しばかり単純化していえば、無限の滅私奉公ではなく、集団に埋没しない自立した「個」を確立し、公を担うということが戦後民主主義の原点だった。私には、今の小林の言葉は戦後の原点へと回帰しているように思えてならない。東京・自由が丘にあるホテルの一室で向き合った小林はこうも語っていた。

「今は、右も左も劣化しているのよ。昔の左翼は偉いなと思った。大江健三郎も姜尚中も『戦争論』を批判したけど、きちんと中身を読んで批判していた。右だってちゃんと読もうとしていたよ。でも、今は違うでしょ。右の雑誌が売れているのは、いつも同じことを言っているからだよね。そこにちょっと待ちなさいよって、わしが言ったら、もう読者が読めなくなるんだよ。そのくらい、固まっている。右にしろ左にしろ、固まってしまっていたら、もう信仰だから、どうにもならない。わしはもっといろんな人と話せると思うけど、日本では右と左では話せませんよっていうことになるわけだよね。よくわからないうちに全部の問題をワンセットにしている」

劣化――。いみじくも小林が語ったように、今は論戦そのものがなくなり、左と右を始め、さまざまな分断線が引かれ、お互いの行き来がないままに党派で固まり「論」を重ねる場ごと消滅しつつある。その結果起きるのは、集団極性化であり、より過激になっていく言葉のぶつけ合いだ。

百田は徹底的に「ごく普通の人々」にとっての「感動できる物語」を考え、さらに誰にも気を使わない本音をツイッターでぶちまけることで支持を獲得してきた。

小林は「極端な右と左を切ったから、自分の読者はかつてと比べてかなり減ってしまった。だけど、わしはそれで構わないと思っている。影響力は持てるから」という。2010年代に入り、彼はさらに本格的に歴史を問い直すようなテーマの作品を描き続ける道を選んだ。例えば『ゴーマニズム宣言SPECIAL 大東亜論』(小学館、14~19年)で小林が主人公に据えたのはかつて大アジア主義を訴えた頭山満の生涯だった。頭山の生き方や主張を丹念に描くことで、小林は現代の排外主義を痛烈に批判している。しかし、こうした作品はかつてほどの部数には届かない。多くの右派にとっても、左派にとっても小林のイメージは『戦争論』で固定化されている。

やはり、つくる会の主軸はいずれも、自分の主義主張を「着脱」できないまま言葉に、作品に反映されてしまう「古い」タイプの表現者、論客なのだ。だからこそ、彼らは自身の思想とスタイルを貫こうとする。「古い」時代の規範に忠実な彼らは、自分自身の過去とも戦っていた。藤岡はかつて左派運動に熱中した自分を忘れられず、西尾はそれまでの人生観、哲学観を賭けて大著に取り組んだ。そして、小林は自身が深く関わっていた市民運動への幻滅が駆動力になった。

そこには彼らなりの思想や情念が確かに存在していた。だが、情念はやがて忘れられ、反権威という「スタイル」だけ、それも表層的な小林の真似事としてのスタイルだけが残ったのが現代の百田現象だ。90年代以上に言葉はどんどんと軽くなり、空虚になっていく。反権威は「右」っぽい言葉と結びつき、インターネットやSNSを浮遊する。

つくる会が掘り起こした土壌は、「反権威」的なスタイルと、「普通の人々」を狙うことだけが引き継がれ、2019年に百田尚樹現象と接続し、非マイノリティポリティクスを支えている。だが、そこにはかつて成立していた思想も西尾が大切にしていた言論人としての姿勢も、小林が最も大切にしている「情」も蒸発し、今や何も残っていない。「自虐史観の克服」という最大の目標で彼らはつながっているように見えるが、それはイデオロギーばかりを重視する表層的な理解でしかない。

歴史を主戦場としながら、歴史が断絶している。つくる会現象でも用いられた「自虐史観」に象徴される言葉は、百田本人やその周辺も積極的に使っている。だが、言葉の文脈はつくる会主要メンバーのそれとは、違っている。前者は実存を賭けていたが、百田現象はもっと軽い形で使われるものへと意味が変化している。

新しいポピュリストによる百田現象は、つくる会が作り出した土壌の上で繰り広げられているものでしかない。仮に百田がいなくなったところで、土壌が残る以上、担い手を変えて、この先さらに空虚な言葉による熱狂がやってくる可能性は残り続ける。つくる会現象とは「古い書き手」の情念が広げたものだった。彼らの情念は雲散霧消したが、つくる会が作り出した土壌はまだ確かに残っている。

「歴史は繰り返す。一度目は悲劇として、二度目は喜劇として」

この先、何が繰り返されるかは誰にもわからない。

4

百田尚樹の「新しさ」を明らかにするために、私はつくる会現象の担い手たちのディープストーリーに迫った。常に指摘されてきたように言説だけを見れば、過去の右派論壇と百田現象で同じことが言われていることは間違いない。だが、つくる会現象を仔細に描く中で明らかになったように、担い手の意識も取り巻く時代も明らかに変わっている。

冷戦の崩壊とともに始まった平成、そして90年代という時代に何が起きたのか。冒頭で私は見取り図として、平成の前半を象徴する影の流行語を「自虐史観」、後半が「反日」と「愛国」だと記した。二つを結びつけるのは「普通の人々」＝大衆の支持である。影の流行語の担い手は「普通の人々」をターゲットに、彼らの心情に届く言葉として、ポピュラリティーを獲得していった。だが、そこには断絶があったことはすでに見てきたとおりだ。

第二部で描いたように、前半には論壇を舞台に主要プレイヤーによる論争があったが、やがて論争は消え、言葉は劣化していった。残ったのは、スタイルへの「共感」と強い結論を繰り返すだけの言葉だけだった。「反日」も「愛国」もなんとなく、それを言っておけば何かを言った気になれる空虚な記号、ムードとしてしか機能していない。そこに建設的な論争はなく、右か左かを問わず、インターネット上で強い影響力を持つインフルエンサーたちは、「普通の人々」の気持ちを汲み取る——あるいは「普通の人々」が求める——空気の代弁者として存在することになる。

つくる会現象になく、新しい百田現象にあるもの。その代表的なメディアがインターネットである。とりわけSNSやコメント欄を通じて「普通の人々」が気軽に意見表明できるようになったことは大きな違いだ。意図せずしてメディアの変化の波に乗ったのが百田だ。『探偵！ナイトスクープ』の会議で語っていたような内容とほぼ同じようなことを、ツイッターでつぶやき、それを右派系言論の大物編集者である花田紀凱が拾い上げ、ベストセラー作家兼「右派言論人」としてデビューすることになった。ツイッターと出版というメディアが結びつき、百田尚樹現象は完成する。

私は、百田は発言の影響力について「無自覚」だと書いた。彼は自分が言いたいことを言い、書きたいことを書いているだけで影響力に対する自覚はまるでない。一方で、つくる会現象の担い手たちは少なくとも発言の影響に対しては自覚的であり、真摯だった。小林は極端なまでに読者たちに肩入れし、藤岡にはかつての自分に対する贖罪意識があり、西尾はアカデミシャンとして歴史の中に生きる自分と言葉を自覚していた。

百田の自覚のなさはSNS的な気軽さとリンクしており、決定的に「新しい」スタイルを生み出した。敵／味方に分かれ、閉じていき、仲間内でしか通用しない言葉ばかりが流通していくインターネットに議論は存在しない。議論なき言葉はやがて劣化する。そもそも人間は、右派か左派かに関係なく、自分の政治的イデオロギーに合致しない科学的発見を拒む傾向にあることは実証されている（「日経サイエンス」19年4月号「科学的思考を阻むバイアス」）。

議論なき言葉の劣化、代弁者を求める空気が呼び込むのは、強まっていくポピュリズムの時代だ。分断が進む中での、ポピュリズムの極化には強烈な副作用があるように思えてならない。

おそらく、今後強まっていくのは無自覚に進んでいく「敵」の発見だろう。「普通の日本人」が「普通」でないものを攻撃するように、例えば「持っていない者たち」は「持っている者」を自覚ないまま敵とみなし、攻撃を強めていく。その結果、もたらされるのは「自分たちと違うもの＝敵」とみなし、気軽にバッシングし、叩いていたということすら無自覚になり、忘れ、次の対象が見つかればまた気軽にバッシングしていくという連鎖だ。

第二部でポピュリズムの定義を参照したカス・ミュデたちは、ポピュリストはしばしば正しい問いを発して、誤った答えを導くと指摘している。常に社会を騒がせる百田の存在感や発言は、ひとまず問うべき価値があると認めるべきだろう。だが、それは当然ながら、彼の見解が無条件で正しいことを意味しない。

百田尚樹は新しい時代の新しい言葉の担い手ではあるが、彼がいつまでも新しいままでいられるという保証もない。より時代を捉える、別の新しい言葉の担い手が出てくる可能性は常に残っている。

5

ポピュリズムの時代と向き合うヒントを求め、私は岩手県遠野市に向かった。戦後最初期に切実な問題意識を持って、教科書づくりに賭けた知識人がいたことを思い出したからだ。

柳田國男——。1875年生まれの柳田は、終戦直後から若者の教育問題に深く関わっていく。当時で齢70歳超、1962年に死去することを考えれば人生の最晩年である。柳田が最後までこだわったのは「ことば」の問題だった。それは敗戦後の「言論の自由」とは何かを根底から問うことにつながっている。彼は、国語教育の必要性に関連して、こんなことを書いている。

「言論の自由、誰でも思った事を思った通りに言えるという世の中を、うれしいものだと悦ぼうとするには、まず最初に『誰でも』という点に、力を入れて考えなければならない」(『柳田國男全集22』「喜談日録」ちくま文庫、90年)

その言葉に込められた意味を探るために、私は東北新幹線に乗り込んだ。東京駅から東北新幹線で約2時間半、岩手・新花巻駅で降りる。そこからローカル線釜石線に乗り換え、田園風景を眺めながら1時間ほど電車に揺られると、遠野駅に着く。かの地に語り継がれた怪異譚をまとめた柳田の名作『遠野物語』でその名が知られているだけあって、河童をモチーフにした彫刻やキャラクターが出迎えてくれる。

駅前は土産物屋以外の店はとくになく、駅からのメインストリート界隈にコンビニや全国チェーン展開をするような居酒屋も一切ない。地元で長年、続いてきたお店か、近年、注目されている遠野産ホップを売りにした地ビール屋が新規参入らしく今時の店構えで客を呼び込んでいた。

私が遠野を訪ねたのは、駅から徒歩で10分足らずのところにある「とおの物語の館」で展示されている教科書を見るためだった。敷地内には柳田國男が滞在し、民俗学の調査研究の拠点として使っていた旧高善旅館と、東京・成城から移築した柳田の隠居跡が並ぶ。前者は明治から昭和にかけての遠野を代表する名旅館で、柳田の他に、高弟の折口信夫なども宿泊している。いかにも日本の旅館然とした佇まいである。後者の一角に、それはひっそりと展示されていた。

柳田が最晩年に関わった6冊の教科書、国語教科書の「新しい国語」と社会科の教科書「日本の社会」である。彼の「新しい」とは何を意味しているのか。あらかじめ結論から書いておくと、柳田の教科書は主流にはならなかった。一言で言えば、独自の体系に寄せすぎたということにあるが、そこに込められた思いは現代社会にも跳ね返ってくる。

戦後、筑摩書房などで活躍した編集者であり、作家としても名を残した野原一夫の『編集者三十年』（サンケイ出版、83年）や杉本仁『柳田国男と学校教育　教科書をめぐる諸問題』（梟社、11年）、柳田の日記などから、1945年当時の雰囲気を知ることができる。

柳田が国語教育への関心を詳細に記した前述の「喜談日録」は、1945年12月25日に創刊した筑摩書房の思想文芸誌「展望」の目玉論文として連載が決まったものだ。当時40歳を迎えたばかりだった編集長の臼井吉見は、陸軍少尉として千葉県の山村で本土決戦に備えていた中で終戦を迎えた。臼井にとって、雑誌を出すことは長年の悲願であり、生きて帰ることができれば……という思いの中で創刊したのが「展望」だった。

御茶ノ水の狭いアパートの一室にあった筑摩書房から見える動くものといえば、中央線の電車ぐらいしかない。同じアパートには東京大空襲で会社を失った小出版社が集い、次の時代の書籍や雑誌を出すべくアイディアを重ねていた。「展望」もそんな戦後の雰囲気の中から生まれた雑誌だった。

初めての編集会議は1945年10月20日頃、箱根で開かれ、編集方針もそこで決まった。彼らは「自分自身を読者に想定し、自分たちが読みたいものを掲載させる雑誌」というコンセプトを定めた。臼井自身が後に「一つぐらいは、編集者が自分の読みたい雑誌をつくることもゆるされるだろう。そんな雑誌に共感してもらえる読者が、ある程度、いないはずはない。すくなくとも、読者を小バカにした、いい気なものだけはつくりたくなかった」と回想している。自分たちが面白いと思うものは、読者には難しすぎるだろう、というインテリの思い込みはそこにはない。創刊号はA5判160ページ、定価は3円50銭で5万部——結果として完売を記録する——を刷ることが決まった。

そんな臼井が柳田のもとを訪ねたのは、同年10月12日のことだった。野原によると、柳田は臼井に対し、こんな思いを語っている。

「あの戦時下の挙国一致をもって、ことごとく言論抑圧の結果と考えるのは事実に反している。利害に動かされやすい社会人だけでなく、純情で死をも辞さなかった若者たちまで、口をそろえて一種の言葉だけをとなえつづけていたのは、強いられたのでも、欺かれたのでもない。これ以外の考え方、言い方を修練する機会を与えられなかったからだ。こういう状態が、これからも続くならば、どんな不幸な挙国一致が、これからも現れてこないものでもない」（『編集者三十年』）

敗戦からわずか2カ月たらずの発言である。柳田はここで、挙国一致を推進する言葉だけを語っているのは、修練の機会、つまり教育の機会がなかったからだと考えている。臼井は柳田の思いに対価で応えた。柳田自身が日記で「えらいこと也」と記す原稿用紙一枚30円で原稿をオファーした。破格の高額原稿料だった。そこで書き上げたのが「喜談日録」だ。

読み解く上で、柳田が１９４９年の対談で、「反省」しなければならないことについて語っていることが補助線になる。

「一番私が反省しなければならぬと思ってしょっちゅう若い諸君に話しているのは、日本人の結合力というものは、孤立の淋しさからきているのですね。そのためにみなのすることをしないでおっては損だという気持が非常に強いのです」

（「日本歴史閑談」）

「孤立の淋しさ」が、「一種の言葉」だけに結合した先にやってくるのは、「不幸な挙国一致」でしかない。そうであるならば、別の言葉を言えるような教育が必要なのではないか。柳田は敗戦から「国を健全なる成長に導くがために」一貫して、そう考えていた。だからこそ、言論の自由にとって大事なのは「誰でも」なのだ。「もしもたくさんの民衆の中に、よく口の利ける少しの人と、多くの物が言えない人々が入り交っていたとすればどうなるか」と柳田は問う。有利なのは、口が利ける人だ。前者ばかりが良い思いをする世の中は、全員が黙らされていた軍国主義時代の日本よりもかえって不公平が進む。そして、彼は「代弁」されることとの危険性について警鐘を鳴らす。

「あなたの思うことは私がよく知っている。代って言ってあげましょうという親切な人が、これからはことに数多くなることも想像せられる。そういう場合にどこがちがう、またはどういうのが最もわが意を得ているを決定するには、まずもって国語を細かに聴き分ける能力を備えていなければならぬ」

「ある少数者の異なる意見というものは、国に聴き方の教育が少しも進んでいないために、抑圧せられるまでもなく、最初から発表しようとする者がなかったのである」(「喜談日録」)

ここに、柳田が考えていた戦後の原点がある。柳田は日本に蔓延する付和雷同、弱いものが強大なものに従い、大勢にいることを良しとする事大主義を強烈に批判してきた。だからこそ、誰かが「私」の言葉を代弁しようという時、その人は本当に「私」の言葉を代弁してくれるのか否かを見極めるための「新しい」教育が必要だと主張してきたのだ。

「喜談日録」はタイトルこそ静かなものだが、そこに書かれている中身は柳田國男という一人の翁の、戦時中からずっと秘めていた情念がほとばしるような内容になっている。これまでの歴史にない「新しい」ものを生み出さねば、この国にはさらなる不幸がやってくる、と。そんな彼の秘めたる情念を、激情と呼んでもいいのかもしれない。苛立ちと、行間から滲み出てくるように変えねばならぬという思い。誰もが忘れてしまった原点が遠野に残っていた。

柳田の言葉は、SNS全盛、インターネット全盛の今だからこそ問い直される価値がある。「代弁者」は巨大な樹木のように、組織だって現れるわけではない。そこかしこにアメーバのように現れる。ある瞬間だけインターネット上で話題になるかもしれないし、ヒーロー然と登場するかもしれない。だが、それを自分の言葉だと感じていいのか。大きな流れの中で党派に身を委ねてしまわないか。柳田の言葉は鋭さを増している。

２０１９年7月13日――。夕刻を迎え、女性職員が「もうすぐ閉館です」と私に告げにきた。遠野もこの博物館も、都心やＳＮＳの喧騒とは全く無縁であり、切り離されているかのような静かな時が流れていた。もしかしたら、それは柳田が旧高善旅館に泊まっていた時代と変わらないのかもしれないな、と思った。私は閉館前にもう一度、柳田が作った教科書の前に戻って、じっと表紙を見つめた。右派が言うところの「自虐」とも、過去の礼賛とも関係なく、ただただ敗戦という事実から出発した「新しい」教科書がそこにあった。

私は博物館を後にし、再び中心街へと戻った。帰り道にすれ違ったのは、ほんの数人である。その時、ふいに浮かんできたのは、静寂――という言葉だった。私たちはつながりすぎていて、そうであるがゆえに無自覚なまま発せられる人の言葉に流されすぎている。ノイズのような言葉に振り回されすぎている。歩きながら思う。今、必要なのは……。それは静かに思考を深めていくために、自分の言葉を探すために、情報の渦から遠く離れて、静寂の中に身を置く時間である、と。

あとがき

「次に何か書いてみたいものはありますか?」

2019年2月、「ニューズウィーク日本版」で、揺れ動く沖縄のルポルタージュを初めて書きあげ、校了した夜のことである。打ち上げを兼ねた食事の席で、編集長の長岡義博さんからこんなことを聞かれた。

その時、ぱっと浮かんだのが同誌で特集していた「ケント・ギルバート現象」(18年10月30日号)だった。アメリカからやってきた売れっ子タレントが、なぜ右派の星になったのかを丹念に追いかけたルポルタージュである。これを読んだ時に、もし自分が取材し、書くのならばどう書くか。違った書き方になるのではないか、と考えながら読んでいたことを思い出した。

「百田尚樹……。百田尚樹現象をやってみたいです。彼の本が売れるという時代の現象を描いてみたい」と私は答えた。動機は本書で記した通りだ。後で聞けば、すでに長岡さんも同じ特集テーマを考えていたようで、ライターの選定も進めていたという。その中でフリーランスとしては駆け出しで、大した実績がない私が書くことになったのは、偶然にしてその場でやってみたいと言ったこと。これがすべてだった。

資料を読み込み、メールや電話だけに頼るのではなく取材依頼の段階から関係者に直当たりしたり、手紙を書いたりして、数カ月を費やしインタビューを取った。その結果、同誌の特集としては歴代最長となる原稿用紙70枚弱のレポートが完成した。

様々な評価が交錯したが、私の中ではそれまでの特集とは違う「新しいもの」が書けたという思いがあった。テキストだけ、一つの言葉だけを読むことで批判を繰り広げるのではなく、彼の周辺を歩いて、現象を視ることからすべてを始めた。敬愛する沢木耕太郎さんが書いているように、「ノンフィクションを書くためには、まず対象を『みる』ことが必要になる」（『沢木耕太郎セッションズ〈訊いて、聴く〉Ⅲ 陶酔と覚醒』岩波書店、20年）。

視る、読む、また視る、そして会い、取材対象の話を正面から聞き、すべてを終えてから書く。書きながら、読み、また会う……。ノンフィクションはそのどれが欠けても書くことはできない。観察せず、人と会わず、話を聞かずでは、私の仕事とは言えない。

基本中の基本に没頭できるか否かが、作品の質を決めていく。今の日本の空気を象徴するような人物とその周辺を掘り下げることで、何十年後かの人たちに２０２０年前後の記録を残す。私はそんな仕事に熱中していた。雑誌の特集では飽き足らず、さらに取材を続けることになったのも没頭していたことが大きい。

後の評価は読者に委ねたい。

さて。すべてに共通して言えることだが、本や雑誌は一人では作れない。何より取材に応じてくれた皆さまにまずは感謝を捧げたい。ありがとうございました。

二人の編集者、「ニューズウィーク日本版」の小暮聡子さん、小学館の間宮恭平さんへの御礼を記しておきたい。小暮さんが担当でなければ、本書を世に送り出すことも叶わず、特集が「第26回編集者が選ぶ雑誌ジャーナリズム賞作品賞」を受賞することもなかった。間宮さんは、原稿を丹念に読み込み、的確な指摘と万全のサポートで執筆を支えてくれた。

そして草稿段階から読んで感想をくれた畏友へ、いつも活躍が励みになっている。ありがとう。

何かと心配や負担をかけている家族へ、支えがあって組織を離れて初めての一冊を仕上げることができた。ありがとう。

最後に。本書に関わってくれたすべての人、そして手にとってくれた読者の皆さまへ。皆さまのおかげで、まだまだ私は仕事が続けられる。大きな感謝を捧げたい。丁寧に事実確認はしたが、どんな小さなことでも、異なる点があったとすればそれはすべて私の責任であることは明記しておく。

2020年4月15日　石戸諭

主要参考文献

・赤澤史郎『靖国神社「殉国」と「平和」をめぐる戦後史』（岩波書店、2017）
・新しい歴史教科書をつくる会編
『新しい教科書誕生!!』（PHP研究所、2000）
『新しい日本の歴史が始まる「自虐史観」を超えて』（幻冬舎、1997）
『新しい歴史教科書を「つくる会」という運動がある』（扶桑社、1998）
・安倍晋三、百田尚樹『日本よ、咲き誇れ』（ワック、2017）
・伊藤昌亮『ネット右派の歴史社会学　アンダーグラウンド平成史1990-2000年代』（青弓社、2019）
・江藤淳『閉された言語空間　占領軍の検閲と戦後日本』（文春文庫、1994）
・大塚英志『社会をつくれなかったこの国がそれでもソーシャルであるための柳田國男入門』（角川EpuB選書、2014）
・小熊英二『〈民主〉と〈愛国〉　戦後日本のナショナリズムと公共性』（新曜社、2002）
・小熊英二、上野陽子『〈癒し〉のナショナリズム　草の根保守運動の実証研究』（慶應義塾大学出版会、2003）
・カス・ミュデほか『ポピュリズム　デモクラシーの友と敵』（白水社、2018）
・加東大介『南の島に雪が降る』（光文社知恵の森文庫、2004）
・加藤典洋『世界をわからないものに育てること』（岩波書店、2016）
・賀茂道子『ウォー・ギルト・プログラム　GHQ情報教育政策の実像』（法政大学出版局、2018）
・北岡伸一、歩平編『「日中歴史共同研究」報告書　第2巻』（勉誠出版、2014）
・木村幹『日韓歴史認識問題とは何か　歴史教科書・「慰安婦」・ポピュリズム』（ミネルヴァ書房、2014）
・木村忠正『ハイブリッド・エスノグラフィー　NC研究の質的方法と実践』（新曜社、2018）

・キャロル・グラック『戦争の記憶　コロンビア大学特別講義―学生との対話―』（講談社現代新書、２０１９）
・倉橋耕平『歴史修正主義とサブカルチャー』（青弓社、２０１８）
・小林よしのり
『慰安婦』（幻冬舎、２０２０）
『「個と公」論』（幻冬舎、２０００）
『ゴーマニズム戦歴』（ベスト新書、２０１６）
『ゴーマニズム宣言SPECIAL　大東亜論』全4巻（小学館、２０１４～２０１９）
『新ゴーマニズム宣言』3～12巻（小学館、１９９７～２００２）
『新ゴーマニズム宣言SPECIAL　戦争論』（幻冬舎、１９９８）
『新ゴーマニズム宣言SPECIAL　戦争論2』（幻冬舎、２００１）
『新ゴーマニズム宣言SPECIAL　戦争論3』（幻冬舎、２００３）
『新ゴーマニズム宣言スペシャル　脱正義論』（小学館、１９９６）
・沢木耕太郎「ニュージャーナリズムについて」（『紙のライオン』所収、文春文庫、１９８７）
・真藤順丈『宝島』（講談社、２０１８）
・杉本仁『柳田国男と学校教育　教科書をめぐる諸問題』（梟社、２０１１）
・田原総一朗、百田尚樹『愛国論』（KKベストセラーズ、２０１４）
・ターリ・シャーロット『事実はなぜ人の意見を変えられないのか　説得力と影響力の科学』（白揚社、２０１９）
・永吉希久子ほか『ネット右翼とは何か』（青弓社、２０１９）
・西尾幹二
『西尾幹二全集　第2巻　悲劇人の誕生』（国書刊行会、２０１２）
『西尾幹二全集　第9巻　文学評論』（国書刊行会、２０１４）
『西尾幹二全集　第15巻　少年記』（国書刊行会、２０１６）

『西尾幹二全集　第16巻　沈黙する歴史』（国書刊行会、２０１６）
『西尾幹二全集　第17巻　歴史教科書問題』（国書刊行会、２０１８）
『西尾幹二全集　第18巻　国民の歴史』（国書刊行会、２０１７）
『保守の真贋』（徳間書店、２０１７）
『ヨーロッパ像の転換』（新潮選書、１９６９）
『歴史の真贋』（新潮社、２０２０）
・西尾幹二ほか『市販本　新しい歴史教科書』（扶桑社、２００１）
・野原一夫『編集者三十年』（サンケイ出版、１９８３）
・秦郁彦『陰謀史観』（新潮新書、２０１２）
・服部龍二『外交ドキュメント　歴史認識』（岩波新書、２０１５）
・ハンス・ロスリングほか『ＦＡＣＴＦＵＬＮＥＳＳ』（日経ＢＰ社、２０１９）
・百田尚樹
『錨を上げよ』上下巻（講談社、２０１０）
『今こそ、韓国に謝ろう　そして、「さらば」と言おう』（飛鳥新社、２０１９）
『永遠の０』（講談社文庫、２００９）
『「黄金のバンタム」を破った男』（ＰＨＰ文芸文庫、２０１２）
『海賊とよばれた男』上下巻（講談社、２０１２）
『カエルの楽園』（新潮文庫、２０１７）
『影法師』（講談社文庫、２０１２）
『殉愛』（幻冬舎、２０１４）
『夏の騎士』（新潮社、２０１９）
『日本国紀』（幻冬舎、２０１８）

『ボックス！』（講談社文庫、２０１３）
・百田尚樹、有本香『「日本国紀」の副読本　学校が教えない日本史』（産経新聞出版、２０１９）
・百田尚樹、ケント・ギルバート『いい加減に目を覚まさんかい、日本人！』（祥伝社、２０１７）
・藤岡信勝
『汚辱の近現代史　いま、克服のとき』（徳間書店、１９９６）
『「自虐史観」の病理』（文藝春秋、１９９７）
『歴史ディベート「大東亜戦争は自衛戦争であった」』（明治図書出版、１９９６）
・藤岡信勝、自由主義史観研究会『教科書が教えない歴史』全4巻（産経新聞社、１９９６〜１９９７）
・別技篤彦『戦争の教え方』（新潮文庫、１９８３）
・マイケル・ウォルツァー『正しい戦争、不正な戦争』（風行社、２００８）
・丸山眞男「陸羯南―人と思想」（『戦中と戦後の間』所収、みすず書房、１９７６）
・水島治郎『ポピュリズムとは何か』（中公新書、２０１６）
・宮台真司、姜尚中ほか『戦争論妄想論』（教育史料出版界、１９９９）
・村井淳志『歴史認識と授業改革』（教育史料出版界、１９９７）
・柳田國男「喜談日録」（『柳田國男全集22』所収、ちくま文庫、１９９０）
・與那覇潤『歴史がおわるまえに』（亜紀書房、２０１９）
・リチャード・マイニア『東京裁判　勝者の裁き』（福村出版、１９９８）
・A・R・ホックシールド『壁の向こうの住人たち　アメリカの右派を覆う怒りと嘆き』（岩波書店、２０１８）
※百田尚樹、小林よしのり、西尾幹二、藤岡信勝各氏の著作については、対談も含めて可能な限りすべての刊行物を参照した。ここでは特に重点的に取り上げた著作のみを挙げる。
※その他の文献や、新聞・雑誌記事の出典は本文中に示した。

石戸 諭（いしど・さとる）
1984年、東京都生まれ。記者、ノンフィクションライター。2006年に立命館大学法学部卒業後、毎日新聞社に入社。岡山支局、大阪社会部、デジタル報道センターを経て、2016年にBuzzFeed Japanに入社。2018年からフリーランスに。2019年、ニューズウィーク日本版の特集「百田尚樹現象」にて第26回編集者が選ぶ雑誌ジャーナリズム賞作品賞を受賞。本書は同特集に大幅加筆したもの。著書に『リスクと生きる、死者と生きる』（亜紀書房）。

ルポ 百田尚樹現象
愛国ポピュリズムの現在地

二〇二〇年六月二十二日　初版第一刷発行

著者　石戸 諭
発行者　鈴木崇司
発行所　株式会社小学館
〒一〇一-八〇〇一 東京都千代田区一ツ橋二-三-一
編集 〇三-三二三〇-五九五五
販売 〇三-五二八一-三五五五
DTP　株式会社昭和ブライト
印刷所　凸版印刷株式会社
製本所　株式会社若林製本工場

造本には十分注意しておりますが、印刷、製本など製造上の不備がございましたら「制作局コールセンター」（フリーダイヤル〇一二〇-三三六-三四〇）にご連絡ください。

（電話受付は、土・日・祝休日を除く 九時三十分～十七時三十分）

本書の無断での複写（コピー）、上演、放送等の二次利用、翻案等は、著作権法上の例外を除き禁じられています。本書の電子データ化などの無断複製は著作権法上の例外を除き禁じられています。代行業者等の第三者による本書の電子的複製も認められておりません。

©Satoru Ishido 2020 Printed in Japan
ISBN978-4-09-388768-7